KB205710

사순절 40일 경건훈련

그리스도를 본받아

|••|••|•|
behold Behold, I am coming soon! Rev 22:7,12

사순절 40일 경건훈련
그리스도를 본받아

초판발행 • 2024년 2월 10일
3쇄 발행 • 2025년 2월 15일

지은이 • 토마스 아 켐피스
엮은이 • 헤이필드
북프로듀서 • Mt.Moriah • Olive • Zion

발행처 • 비홀드
등   록 • 2019년 8월 2일 제409-2019-000037호
주   소 • 경기도 김포시 월곶면 용강로57번길 86 B동 2호
전   화 • 070 4554 3917
이메일 • beholdbook@daum.net
인스타그램 • www.instagram.com/beholdbook

©비홀드, 2024
ISBN 979-11-93179-04-8
값 7,000원

🐕 로고를 사용하도록 허락해주신 어린양교회와
집필에 도움을 주신 원의숙 전도사님께 감사드립니다.

사순절 40일 경건훈련

그리스도를 본받아

토마스 아 켐피스 지음
헤이필드 엮음

비홀드

프롤로그

"좁은 문으로 들어가기를 힘쓰라."

누가복음 13장 24절 말씀에서 "힘쓰라"에 해당하는 헬라어 아고니조마이 (ἀγωνίζομαι)는 '싸우다'라는 뜻을 가지고 있습니다. 이는 천국을 위해 싸우고 씨름하지 않으면 그곳에 들어갈 수 없다는 것을 의미합니다. 좁은 문은 결코 앎이나 동의, 또는 저절로 들어가는 곳이 아닙니다. 목숨을 걸고 전장에서 싸우는 병사처럼 내 말과 행동, 인격과 삶의 모든 선택이 그리스도를 향하도록 해야 합니다. 물론 우리는 행위로 구원받지 않습니다. 그러나 구원받은 하나님의 백성은 자기를 부인하고 자기 십자가를 지고 그리스도를 따르는 삶이 증거로 나타나야 합니다. "구원을 받는 자가 적으니이까?"(23절)라는 질문에 답하신 예수님의 말씀을 마음에 품고 이 책을 펼치십시오.

"힘쓰라, 들어가기를 구하여도 못하는 자가 많으리라."(24절)

특별히 이 책은 토마스 아 켐피스가 경건생활의 지침서로 기록한 「그리스도를 본받아」의 강력한 메시지와 지금 우리에게 꼭 필요한 경건훈련으로 구성되어 있습니다. 이 책을 통하여 우리는 구원의 감격을, 죄로 인한 통회를, 십자가의 사랑을, 하나님의 위로와 도움을, 천국백성의 삶을 경험하게 될 것입니다. 이제 십자가 앞으로 나아가 오늘 나의 신앙을 점검하고 경건훈련을 시작하십시오. 복음에 합당한 삶을 실제적으로 배우고 살아내십시오. 좁은 문으로 들어가기 위하여 씨름하십시오. 믿음으로 순종의 길을 걸어가는 사순절이 되시기를, 그리고 40일의 경건훈련이 천국에 가는 그날까지 이어지시기를 간절히 소망합니다.

"경건함에 이르도록 몸을 훈련하십시오.
몸의 훈련은 약간의 유익이 있으나 경건훈련은 모든 면에 유익하니
이 세상과 장차 올 세상의 생명을 약속해줍니다."

딤전 4:7-8,새번역

다음 내용을 먼저 기억해주세요

- 하나님과의 인격적인 만남을 사모하고 주의 보혈을 의지하십시오.
- 삶의 우선순위를 경건훈련에 두고 넘어지더라도 다시 시작하십시오.
- '생각'과 '앎'이 아닌 '행함'과 '순종'에 목적을 두십시오.
- 훈련할 구별된 장소와 시간을 정하십시오.
- 일상에서 성령님과 대화하는 훈련을 하십시오.
- 아직 경건훈련이 어렵다면 강도와 시간을 점차 늘려가십시오.
- 끝까지 완주하기 위해 가능한 지체들과 함께 하십시오. 교회 공동체에서 인도자를 따라 하면 가장 좋습니다.
- 'STEP1-성령님께 묻고 듣고 행하기'는 '복음과 성도로서 합당히 행하는 삶, 하나님을 사랑하고 이웃을 사랑하는 삶'의 구조에 맞춰 성령님과 대화한 내용입니다.
- 사순절은 재의 수요일부터 시작되며 주일을 제외한 40일입니다.

STEP 1 「그리스도를 본받아」를 통한 경건훈련

성경 다음으로 가장 많이 읽히는 「그리스도를 본받아」는 지난 600년간 수많은 성도들의 삶을 진동시키며 좁은 문으로 인도하였습니다. 사순절 기간 동안, 영적 저력을 가진 메시지들을 깊이 묵상하면서 '복음에 합당한 삶'을 훈련해나가십시오.

❶ 오늘의 메시지 묵상하기

상단 좌측에 오늘 날짜를 기록합니다. 본문을 두세 번 읽으면서 성령님께서 감동을 주신 문장에 밑줄을 긋고 더 깊이 묵상하십시오.

❷ 필사하며 마음판에 말씀 새기기

본문과 관련된 성경말씀 두 구절을 필사합니다.
하루 종일 읊조리면서 마음판에 생명의 말씀을 새기십시오.

❸ 성령님께 묻고 듣고 행하기

예수님을 영접하고 죄 사함을 받으면 성령님이 우리와 함께 하십니다(행 2:38). 성령님은 모든 것을 가르치시고 모든 말씀을 생각나게 해주시며(요 14:26) 우리의 연약함을 도와주시고 이루 다 말할 수 없는 탄식으로 우리를 위해 간구해주시는 분이므로(롬 8:26) 이 땅에서 우리는 성령님과 가장 친밀해야 합니다. 관계에서 대화 없이 친밀해질 수 없고 질문 없이 깊은 대화를 할 수 없듯 먼저 질문을 통해 성령님과 친밀해지는 훈련을 하십시오.

대화를 시작하는 두 질문을 통해 생각에 머무는 묵상을 넘어 성령님께 구체적으로 묻고 들으면서 '행함'(순종)으로까지 나아갑니다. 내 마음에 떠오르는 질문으로 성령님과 대화하면 더 좋습니다.

❹ 오늘 나를 만나주신 하나님은 어떤 분이신지 한 문장으로 고백하기

묵상의 목적은 나의 하나님을 인격적으로 만나는 것이고, 내가 만난 하나님을 고백하는 것은 우리의 신앙을 굳게 할 뿐 아니라 이를 전함으로써 증인의 삶을 살아가게 합니다. 고난주간에는 매일 새로운 미션으로 함께 합니다.

오늘 묵상하고 훈련하고 경험한 모든 것을 통하여 나를 만나주신 하나님을 고백하고 높이십시오.

그리스도 예수의 사람들은 육체와 함께 그 정욕과 탐심을 십자가에 못 받고(갈 5:24) 자기를 부인하고 날마다 자기 십자가를 지고 주를 따라야 합니다(마 16:24). 그러나 이는 단번에 이루어지지 않으므로 끊임없이 훈련하면서 한 걸음씩 나아가고 넘어지더라도 다시 일어나 믿음의 한 걸음을 내딛어야 합니다.

십자가에 못 박는 하루점검	
정한 삶의 금식을 행하였나요? ① ② ③ ④ ⑤	불의한 말과 행동을 금하였나요? ① ② ③ ④ ⑤
마음과 생각을 지켰나요? ① ② ③ ④ ⑤	성전인 몸을 의의 병기로 단련했나요? ① ② ③ ④ ⑤

숫자 1-5 중 해당하는 번호에 체크하십시오.
(1:전혀 안했다 2:조금 했다 3:했다 4:잘했다 5:매우 잘했다)

❶ 사순절에 절제하고 금해야 할 것을 정한 후, 매일 점검하십시오.

예) 음식, 게임, 쇼핑, 미디어, SNS, 스마트폰 등

내가 정한 삶의 금식은 _____

_____ 입니다.

❷ 생명의 근원인(잠 4:23) 마음과 생각을 지켰는지 점검하십시오.

예) 염려, 두려움, 교만, 미움, 조급함, 탐심, 정욕 등

❸ 불의한 말과 행동을 금하였는지 점검하십시오.

예) 거짓말, 참소, 정죄, 희롱의 말, 무자비, 당 짓는 것, 술취함, 음행, 분쟁 등

❹ 성전인 몸을 성결하게 하고 의의 병기로 단련했는지 점검하십시오.

예) 거룩하게 구별된 생활하기, 규칙적인 시간에 잠자기, 탐식하지 않기, 운동 등

성전인 몸을 위해 _____

_____ 하겠습니다.

우리는 하나님의 '말씀'과 '기도'로 거룩해지므로(딤전 4:5) 이를 매일 훈련하며 거룩의 능력을 키워 나가야 합니다. 뿐만 아니라 이 땅에서 하나님의 백성이 어떻게 살아가야 하느냐에 대한 예수님의 분명한 가르치심인 산상수훈(마 5-7장) 말씀을 매일 묵상하고 말씀대로 살아내도록 힘써야 합니다. 그것이 바로 '내가 사는 것이 아니요 오직 내 안에 그리스도께서 사시는 삶'입니다(갈 2:20).

십자가로 다시 사는 경건훈련				
산상수훈 읽기	정한 말씀읽기	정한 기도시간	나의 감사·회개·간구	이웃·교회·나라·열방을 위한 도고
		장 분		
☐	☐	☐		

❶ 산상수훈(마 5-7장)을 읽었는지 점검하십시오.

매일 쉽게 펼쳐 보시도록 책의 마지막 부분에 전문을 실었습니다.

❷ 정한 말씀읽기를 마쳤는지 점검하십시오.

매일 읽을 성경 장수는 _____ 입니다.

❸ 정한 기도시간을 지켰는지 점검하십시오.

매일 드릴 기도 시간은 _____ 입니다.

❹ 오늘 '나의 감사·회개·간구제목', ' 이웃·교회·나라·열방을 위한 기도제목'을 적으십시오.

"내가 그리스도와 함께 십자가에 못 박혔나니 그런즉 이제는
내가 사는 것이 아니요 오직 내 안에 그리스도께서 사시는 것이라."

차례

하나님이 세상을 이처럼 사랑하사
독생자를 주셨으니
이는 그를 믿는 자마다 멸망하지 않고
영생을 얻게 하려 하심이라

요한복음 3:16

나의 영적 삶이
그리스도를 본받을 때까지

GATE
1

오직 그리스도를 본받으십시오

당신을 거룩하게 하는 것은 '앎'이 아닌 순결한 '삶'을 사는 것입니다. 그것이 바로 주께서 기뻐하시는 성도의 삶입니다. 그런데 주께서 기뻐하시는 삶과 실제 우리의 삶을 비교하면 어떻습니까? 성경말씀을 다 안다 할지라도 오늘 내가 말씀과 상관없는 삶을 살아가고 주님의 사랑과 은혜 없이 살아가고 있다면, 그것이 무슨 유익이 있겠습니까? 하나님을 사랑하고 섬기는 것에서 벗어난 모든 것은 헛될 뿐입니다.

가장 지혜로운 삶이란, 세상으로부터 돌이켜 하나님 나라를 추구하며 경건하게 사는 것입니다. 썩어 없어질 세상 재물을 구하며 그것을 의지하는 것은 헛된 일입니다. 명예를 따르고 스스로 자만해지는 것도 헛된 일입니다. 또한 바르게 사는 것보다 오래 사는 것을 바라는 것도 헛된 일입니다. 현실에 안주하여 장차 올 일을 준비하지 않는 것, 영원한 기쁨이 있는 하나님 나라를 바라지 않고 한순간에 사라져버리고 마는 것에 집착하는 것도 헛된 일입니다. 만일 지금 당신이 헛된 욕망을 따라 살아가고 있다면, 후에 반드시 심판을 받을 것입니다.

이제 더 이상 눈에 보이는 세상의 헛된 것을 사랑하지 마십시오. 눈에 보이지 않더라도 가치 있는 것을 추구하십시오. 그렇게 하지 않고 스스로 악을 따른다면, 양심이 더러워지고 주의 은혜를 놓치고 말 것입니다. 세상의 헛된 모든 것을 멸시하고 오직 그리스도를 본받으십시오.

성령님이 감동을 주신 문장에 밑줄을 긋고 깊이 묵상해보세요.

십자가에 못 박는 하루점검

정한 삶의 금식을 행하였나요?

불의한 말과 행동을 금하였나요?

마음과 생각을 지켰나요?

성전인 몸을 의의 병기로 단련했나요?

필사하며 마음판에 말씀 새기기

전 12:8,13 　전도자가 이르되 헛되고 헛되도다 모든 것이 헛되도다 일의
　　　　　 결국을 다 들었으니 하나님을 경외하고 그의 명령들을 지킬
　　　　　 지어다 이것이 모든 사람의 본분이니라.

요일 2:15 　이 세상이나 세상에 있는 것들을 사랑하지 말라 누구든지
　　　　　 세상을 사랑하면 아버지의 사랑이 그 안에 있지 아니하니.

성령님께 묻고 듣고 행하기

성령님, 제가 세상에 속한 것이 헛된 것임을 알면서도 영원한 하나님 나라에 속한
것을 바라지 못하는 이유는 무엇인가요?

성령님, 저는 말씀에 대한 '앎'과 '삶'이 균형 있게 자라고 있나요? 오늘 하루 작은
것 하나라도 주님이 기뻐하시는 일을 '삶'에서 행하도록 도와주세요.

오늘 나를 만나주신 하나님은 어떤 분이신지 한 문장으로 고백해보세요.

십자가로 다시 사는 경건훈련

산상수훈 읽기	정한 말씀읽기	정한 기도시간	나의 감사·회개·간구	이웃·교회·나라·열방을 위한 도고
	장	분		
☐	☐	☐		

매일의 경건훈련으로 무장하십시오

주의 은혜를 의지하여 살아가는 경건한 사람이 어느 순간부터 경건훈련을 하지 않고 점점 다른 것에 흥미를 느끼기 시작한다면, 결국 어떻게 되겠습니까? 그는 곧 타락한 옛 생활로 되돌아가 버리고 말 것입니다. 어느 누구라도 경건훈련에 게을러지면 이렇게 죄가 틈을 타고 들어와 화를 당하고 타락할 수밖에 없습니다. 그때는 다시 은혜의 자리로 돌아가고 싶어도 되돌아가기란 쉬운 일이 아닙니다.

그러니 늘 당신의 영과 육을 깨어 살피고 훈련하고 다스리십시오. 이는 성도가 완전함을 추구하는 데 있어 중요한 열쇠입니다. 만일 매순간 깨어 있기 어렵다면 하루에 한 번만이라도 괜찮습니다. 잠들기 전에라도 주님 앞으로 나아가 그날 하루를 어떻게 보냈는지 돌아보십시오. 그리고 죄와 싸울 수 있도록 스스로를 무장하십시오. 욕망을 절제하고 쾌락적 성향을 버리십시오. 게으르지 마십시오. 매일 기도를 드리고 말씀을 읽고 쓰며 묵상하십시오. 매사에 신중하게 판단하십시오. 어떤 일이든 어떤 사람에게든 분별하여 행동하십시오. 공동체에 대한 무관심을 주의하고 사랑으로 섬기십시오.

온전해지길 원하십니까? 그렇다면 경건의 시간을 성실하게 지켜내십시오. 주님께 받을 상을 기대하며 거룩한 삶을 살아가고 더욱 엄격히 말씀에 순종하십시오. 마음을 지키십시오. 비록 아직은 온전치 못할지라도 주님 앞에 서게 될 영광의 날을 바라며 견디고 거룩하게 기다리십시오.

성령님이 감동을 주신 문장에 밑줄을 긋고 깊이 묵상해보세요.

십자가에 못 박는 하루점검

정한 삶의 금식을 행하였나요?

불의한 말과 행동을 금하였나요?

마음과 생각을 지켰나요?

성전인 몸을 의의 병기로 단련했나요?

필사하며 마음판에 말씀 새기기

엡 4:13 우리가 다 하나님의 아들을 믿는 것과 아는 일에 하나가 되
어 온전한 사람을 이루어 그리스도의 장성한 분량이 충만한
데까지 이르리니.

딤전 4:7 망령되고 허탄한 신화를 버리고 경건에 이르도록 네 자신을
연단하라.

성령님께 묻고 듣고 행하기

성령님, 성령님과 교제하는 경건의 시간에서 벗어나도록 제 몸과 마음을 유혹하는
일들은 무엇인가요?

성령님, 예수님을 믿는 일과 아는 일, 믿음과 행함, 말씀과 기도, 성경과 성령, 영
과 육, 몸과 마음, 나와 공동체, 삶과 신앙 면에서 균형을 이루지 못하고 어느 한
편에만 치우쳐 온전하지 못하게 하는 제 약한 부분은 무엇인가요?

오늘 나를 만나주신 하나님은 어떤 분이신지 한 문장으로 고백해보세요.

십자가로 다시 사는 경건훈련

산상수훈 읽기	정한 말씀읽기	정한 기도시간	나의 감사·회개·간구	이웃·교회·나라·열방을 위한 도고
		장	분	
☐	☐	☐		

믿음의 선진들을 따르십시오

믿음의 선진들의 삶을 돌아보길 원합니다. 그들은 세상이 추구하는 것들을 바라지 않고 진리의 빛 안에 거하기 위하여 신실하게 신앙생활을 했습니다. 그들은 굶주림과 목마름, 추위와 벌거벗음, 노동과 피로, 철야와 금식, 박해와 고난 속에서도 변함없이 주님을 섬겼습니다. 얼마나 많은 사도들과 순교자들이 그리스도의 발자취를 따르며 혹독한 시련을 받았습니까! 그들은 참으로 이 땅에 미련을 두지 않고, 오직 영원한 삶을 추구했습니다.

믿음의 선진들은 세상의 그 어떤 것도 바라지 않았습니다. 세상의 부요함과 권력, 명예, 그리고 사람들과의 사귐까지도 철저히 포기한 자들이었습니다. 그들은 육적으로는 살아가는데 필요한 최소한의 것만 소유하고 스스로 가난해졌으나 영적으로는 부요했고 삶에는 하나님의 은총과 위로가 넘쳤습니다. 그들은 세상에서는 이방인이었으나 하나님에게는 친밀한 벗이었습니다. 세상에서는 멸시를 당했으나 주님께는 귀히 여김을 받았습니다. 그들은 진실로 겸손했고 주님의 말씀에 바로 순종했습니다.

그런데 안타깝게도 지금은 죄를 짓지 않는 것만으로도 박수를 받는 시대가 되어버리고 말았습니다. 오늘날 우리가 신앙을 얼마나 소홀히 여기고 살아가는지 돌아보십시오. 우리는 구원의 감동을 쉽게 잊어버리고, 게을러져서 살아가는 것 자체에 싫증을 느끼고 있습니다. 그러나 부디 당신은 그러지 마십시오. 경건했던 선진들의 삶을 기억하며 그 길을 따르십시오. 그들의 삶을 돌아보며 느슨해진 신앙을 바로잡으십시오.

성령님이 감동을 주신 문장에 밑줄을 긋고 깊이 묵상해보세요.

십자가에 못 박는 하루점검

정한 삶의 금식을 행하였나요?

불의한 말과 행동을 금하였나요?

마음과 생각을 지켰나요?

성전인 몸을 의의 병기로 단련했나요?

필사하며 마음판에 말씀 새기기

시 51:12   주의 구원의 즐거움을 내게 회복시켜 주시고 자원하는 심령을 주사 나를 붙드소서.

히 11:1-2   믿음은 바라는 것들의 실상이요 보이지 않는 것들의 증거니 선진들이 이로써 증거를 얻었느니라.

성령님께 묻고 듣고 행하기

성령님, 거울삼고 있는 믿음의 선진들과 존경하는 목회자, 성도들을 떠올리면서 제가 그들로부터 본받을 신앙과 인격을 구체적으로 적어 보게 해주세요.

성령님, 왜 저는 믿음의 선진들과 다른 삶을 살아가고 있나요? 다시 회복할 방법은 무엇인가요? 그들은 어떻게 하나님께로 돌이켰는지 가르쳐 주세요.

오늘 나를 만나주신 하나님은 어떤 분이신지 한 문장으로 고백해보세요.

십자가로 다시 사는 경건훈련

산상수훈 읽기	정한 말씀읽기	정한 기도시간	나의 감사·회개·간구	이웃·교회·나라·열방을 위한 도고
	장	분		
☐	☐	☐		

낮아짐을 자랑하십시오

그리스도를 사랑하는 마음으로 섬김의 낮은 자리에 있는 것을 부끄러워하지 마십시오. 세상이 가난하다고 손가락질하더라도 부끄러워하지 마십시오. 어디를 가든 하나님을 신뢰하고 교만하지 마십시오. "나는 아무것도 아닙니다"라고 고백할 때, 주님은 당신이 행하는 모든 선한 일을 도와주실 것입니다.

당신의 재물이 아무리 많더라도 자랑하지 마십시오. 오직 당신을 위하여 자기 자신을 내어주신 그리스도만을 자랑하십시오. 당신의 육체가 아무리 강하고 아름답더라도 뽐내지 마십시오. 우리 몸은 작은 질병에도 쉽게 무너지지 않습니까? 당신에게 특별한 재능과 능력이 있더라도 우쭐대지 마십시오. 그 모든 것을 주님이 주지 않으셨습니까? 그러니 결코 '내가 누구보다 더 낫다'라고 생각하지 마십시오. 우리를 가장 잘 아시는 분은 오직 주님뿐이시므로 그러한 생각은 그분 앞에 죄를 쌓는 것과 같습니다. 선행을 드러내놓고 하지 마십시오. 하나님의 판단은 사람과 다르므로 사람을 기쁘게 하는 것이 그분을 불쾌하게 할 수도 있습니다. 당신은 스스로를 선하다고 여깁니까? 아닙니다, 선하신 분은 오직 주님 한 분뿐이십니다.

자기 자신을 낮추는 겸손한 생각은 결코 해가 되지 않지만, '나는 다른 사람보다 월등해'라는 의식은 재앙이 될 수 있습니다. 겸손한 삶은 평안을 주지만, 교만은 시기와 분노를 불러일으킨다는 것을 명심하십시오.

성령님이 감동을 주신 문장에 밑줄을 긋고 깊이 묵상해보세요.

십자가에 못 박는 하루점검

정한 삶의 금식을 행하였나요?

불의한 말과 행동을 금하였나요?

마음과 생각을 지켰나요?

성전인 몸을 의의 병기로 단련했나요?

필사하며 마음판에 말씀 새기기

잠18:12   사람의 마음의 교만은 멸망의 선봉이요 겸손은 존귀의 길잡
이니라.

눅18:14   무릇 자기를 높이는 자는 낮아지고 자기를 낮추는 자는 높
아지리라.

성령님께 묻고 듣고 행하기

성령님, 나의 나 된 것은 다 주께서 주신 은혜의 선물인데 그것을 망각하고 자만했
음을 고백합니다. 오늘 제가 모든 교만을 회개하고 스스로 낮은 자리로 내려가게
해주세요.

성령님, 오늘 주님께서 제게 주신 선물(재능, 지식, 물질 등) 중 어떤 것을 열어 누구를
겸손히 섬기길 원하시나요?

오늘 나를 만나주신 하나님은 어떤 분이신지 한 문장으로 고백해보세요.

십자가로 다시 사는 경건훈련

산상수훈 읽기	정한 말씀읽기	정한 기도시간	나의 감사·회개·간구	이웃·교회·나라·열방을 위한 도고
	장	분		
☐	☐	☐		

지금 바로 순종하십시오

지금 당신에게 가장 필요한 것은 '순종'입니다! 스스로 삶의 주인이 되려 하지 말고 하나님께 순종하는 길을 택하십시오.

안타깝게도 많은 사람들이 순종하는 것에 대하여 불만을 터트리거나 낙심을 핑계 삼아 순종하지 않으려 합니다. 물론 우리는 무엇이든 마음대로 할 수 있습니다. 그러나 권위에 복종하지 않는 한, 온전한 안식을 누릴 수 없습니다. 진정한 행복은 권위에 복종할 때에야 비로소 찾아오기 때문입니다. 또한 우리는 마음 내키는 대로 행동할 수 있고 내 맘에 드는 사람만 골라서 좋아할 수 있습니다. 그러나 주님이 내 안에 거하신다는 것을 인식한다면, 내 마음 내키는 대로 하는 삶을 내려놓을 줄 알아야 합니다.

이 세상의 모든 것을 아는 사람은 단 한 명도 없습니다. 그러니 당신 자신을 너무 신뢰하지 말고, 다른 사람들의 의견을 기꺼이 경청하십시오. 내 생각이 아무리 좋아도 다른 사람의 의견을 받아들이는 것이 더 유익한 이유는 그러한 행동이 하나님의 사랑을 나누는 것이기 때문입니다. 반면, 다른 사람의 의견이 더 좋음에도 불구하고 여러 이유를 대며 듣지 않는다면, 이는 자신의 오만과 강퍅함을 드러내는 것뿐입니다.

누군가에게 충고하는 것보다 누군가의 충고를 받아들이는 것이 훨씬 더 안전합니다. 그렇다면 하나님의 말씀은 어떠하겠습니까? 늘 그분의 말씀을 받아들이고 순종하십시오. 그것이 가장 안전합니다.

성령님이 감동을 주신 문장에 밑줄을 긋고 깊이 묵상해보세요.

십자가에 못 박는 하루점검

정한 삶의 금식을 행하였나요?

불의한 말과 행동을 금하였나요?

마음과 생각을 지켰나요?

성전인 몸을 의의 병기로 단련했나요?

필사하며 마음판에 말씀 새기기

잠 12:15 미련한 자는 자기 행위를 바른 줄로 여기나 지혜로운 자는
권고를 듣느니라.

요일 2:5 누구든지 그의 말씀을 지키는 자는 하나님의 사랑이 참으로
그 속에서 온전하게 되었나니 이로써 우리가 그의 안에 있
는 줄을 아노라.

성령님께 묻고 듣고 행하기

성령님, 예수님께서 하나님의 뜻을 붙드시고 끝까지 순종하신 것처럼 저도 하나님
의 뜻을 깨닫고 순종하길 원합니다. 오늘 제가 주의 말씀 앞에서 변명하거나 제 뜻
을 주장하지 않게 도와주세요.

성령님, 제 생각과 다르다고 거부하면서 귀를 막고 마음을 닫은 사람들은 누구인
가요? 그들로부터 예수님의 사랑을 힘입어 경청하고 수용할 면은 무엇인가요?

오늘 나를 만나주신 하나님은 어떤 분이신지 한 문장으로 고백해보세요.

십자가로 다시 사는 경건훈련

산상수훈 읽기	정한 말씀읽기	정한 기도시간	나의 감사·회개·간구	이웃·교회·나라·열방을 위한 도고
	장	분		
☐	☐	☐		

목적 없는 말을 절제하십시오

자신의 신념에 사로잡혀 세상일을 논하는 사람들의 요란하고 떠들썩한 '말'로부터 가능한 한 멀어지십시오. 비록 거짓이 없다 할지라도 그 말들은 깊은 수렁처럼 당신을 허망한 것에 빠트리거나 혼란스럽게 할 것입니다. 마음의 평안을 유지하길 원한다면, 가능한 세상일에 관여하지 않는 것이 유익합니다.

우리는 종종 사람들과 대화할 때, 속을 뒤집어놓는 말을 듣곤 합니다. 그렇게 늘 말로 상처 받으면서 사람들과의 대화를 통해 끊임없이 위로 받으려하고, 복잡한 생각에서 벗어나 마음의 평정을 얻으려고 합니다. 좋고 싫은 것을 입으로 다 말해야 직성이 풀립니다. 그러나 거룩한 성도는 '말'로부터 얻는 모든 만족감을 밀어내고, 오직 하나님으로부터 오는 위로를 받아야 합니다.

평소 말을 절제하지 못하는 것은 영적 성장을 가로막는 아주 무익하고 잘못된 습관입니다. 우리는 허망하고 무익한 말, 아무 목적도 없는 말을 습관처럼 자주 하는데, 이러한 말들로 헛된 시간을 보내지 않으려면 늘 주의하고 깨어 기도해야 합니다. 알맞은 때에 하는 바른 말만이 교훈으로 남을 것입니다. 경건한 대화를 하십시오. 이는 영적 성장에 큰 도움을 줄 뿐 아니라, 그리스도 안에서 연합을 이루어 그분의 마음을 품을 수 있게 할 것입니다.

성령님이 감동을 주신 문장에 밑줄을 긋고 깊이 묵상해보세요.

십자가에 못 박는 하루점검

정한 삶의 금식을 행하였나요?

마음과 생각을 지켰나요?

불의한 말과 행동을 금하였나요?

성전인 몸을 의의 병기로 단련했나요?

필사하며 마음판에 말씀 새기기

잠 15:23 사람은 그 입의 대답으로 말미암아 기쁨을 얻나니 때에 맞
는 말이 얼마나 아름다운고.

잠 17:27-28 말을 아끼는 자는 지식이 있고 성품이 냉철한 자는 명철하
니라 미련한 자라도 잠잠하면 지혜로운 자로 여겨지고 그의
입술을 닫으면 슬기로운 자로 여겨지느니라.

성령님께 묻고 듣고 행하기

성령님, 참고 절제하는 것을 넘어 끊고 멈춰야 할 제 입의 부끄러운 세상적 언어들
은 무엇인가요?

성령님, 경건한 대화를 나눔으로 서로를 유익하게 할 믿음의 친구는 누구인가요?
오늘 그와 대화하면서 그리스도의 마음을 품고 함께 기도하도록 인도해주세요.

오늘 나를 만나주신 하나님은 어떤 분이신지 한 문장으로 고백해보세요.

십자가로 다시 사는 경건훈련

산상수훈 읽기	정한 말씀읽기	정한 기도시간	나의 감사·회개·간구	이웃·교회·나라·열방을 위한 도고
	장	분		
☐	☐	☐		

모든 이론을 무너뜨리십시오

지금 철학적인 심오한 질문이나 새로운 사상, 그럴 듯한 신념에 빠져 있진 않습니까? 영원한 진리의 말씀으로 돌아와 모든 이론으로부터 자유해지십시오. 진리가 전부입니다! 진리의 말씀이 아니면 어느 누구도 올바른 이해와 판단을 할 수 없고, 진리를 따르지 않는 사람은 쉽게 요동하며 평안을 누릴 수 없습니다.

"진리이신 예수님, 세상에서 듣고 읽는 많은 것들로 인해 쇠하여진 눈을 들어 주를 간절히 바라봅니다. 세상의 모든 피조물이 주님 앞에서 침묵하게 하소서. 오직 주님만이 홀로 말씀하소서!"

학문을 심도 있게 탐구하는 것보다 스스로 겸손해지는 것이 주께로 나아가는 길입니다. 그렇다고 해서 모든 학문을 악하게 여기지 마십시오. 지식 자체는 유익한 것입니다.

항상 깨끗한 양심과 거룩한 삶을 우선순위로 살아가십시오. 범죄가 자주 일어나고 무가치한 일들이 늘어나는 이유 중 하나는 삶을 실제적으로 아름답게 가꾸려 하기보다 자신의 학문과 신념에만 심취해 있기 때문입니다. "악한 행실을 뿌리 뽑고 선을 행하자"고 아무리 열변을 토할지라도 행함이 없다면, 세상의 악행과 추문, 불신앙을 막을 수 없습니다.

심판 날에 당신은 얼마나 많이 알고 있느냐가 아닌 얼마나 많이 순종하였는가를, 얼마나 말을 잘하였느냐가 아닌 얼마나 바르게 살았는가를 판단 받을 것입니다.

성령님이 감동을 주신 문장에 밑줄을 긋고 깊이 묵상해보세요.

십자가에 못 박는 하루점검

정한 삶의 금식을 행하였나요?

마음과 생각을 지켰나요?

불의한 말과 행동을 금하였나요?

성전인 몸을 의의 병기로 단련했나요?

필사하며 마음판에 말씀 새기기

마 7:21 나더러 주여 주여 하는 자마다 다 천국에 들어갈 것이 아니요 다만 하늘에 계신 내 아버지의 뜻대로 행하는 자라야 들어가리라.

고후 10:4-5 모든 이론을 무너뜨리며 하나님 아는 것을 대적하여 높아진 것을 다 무너뜨리고 모든 생각을 사로잡아 그리스도에게 복종하게 하니.

성령님께 묻고 듣고 행하기

성령님, 제가 아는 것에 머무르지 않고 행하는 실천적 삶을 살기 위하여 벗어나야 할 세상적 이론이나 사상, 신념은 무엇인가요?

성령님, 오늘 제가 부정적 마음으로 쏟아내는 "왜 왜 왜?"라는 반응이 아닌 "네 네 네!"라고 고백하며 주님께 순종할 말씀은 무엇인가요?

오늘 나를 만나주신 하나님은 어떤 분이신지 한 문장으로 고백해보세요.

십자가로 다시 사는 경건훈련

산상수훈 읽기	정한 말씀읽기	정한 기도시간	나의 감사·회개·간구	이웃·교회·나라·열방을 위한 도고
		장	분		
☐	☐	☐		

'홀로'가 아닌 '함께' 하십시오

사람은 누구나 결점이 있고 당신도 마찬가지입니다. 우리는 그 결점을 주님이 다뤄 주실 때까지 참고 인내하는 법을 배워야 합니다. 그렇지 않으면 결코 덕을 세울 수 없습니다. 다른 사람에 대해서도 마찬가지입니다. 누군가의 결점을 한두 번 훈계한 후에 그래도 아무 변화가 없다면 그와 더 이상 언쟁하지 말고 하나님께 맡기십시오. 하나님의 뜻이 그에게 이루어지도록 기도하십시오. 오직 주님만이 어떻게 하면 악으로부터 돌이켜 선을 향해 나아갈 수 있는지 아시는 분이기 때문입니다.

다른 사람의 결점과 단점을 당신의 힘으로 다루지 말고, 당신도 결점을 가진 똑같은 사람임을 인정하십시오. 당신 스스로도 잘되지 않는 변화를 다른 누군가에게 강요하지 말고, 먼저 당신의 결점부터 철저히 고치십시오.

어떤 사람은 누군가가 자신의 통제를 벗어나 자유롭게 되는 것을 불쾌하게 여기고, 그들을 자기 울타리 안에 묶어 두려 합니다. 정작 자신은 아무것에도 구속받고 싶어 하지 않으면서 말입니다. 만약 당신이 누군가를 돕는다는 그럴 듯한 이유로 이러한 이중적 행동을 하고 있다면, 이는 악한 것입니다. 하나님은 우리가 다른 사람의 짐을 함께 짊어짐으로써 완전해지는 법을 배우도록 하셨습니다. 이 세상에는 결점이 없는 사람도, 짐이 없는 사람도, 스스로 만족할 만큼 지혜로운 사람도 없습니다. 그러므로 우리는 서로 의지하고 위로해야 합니다. 서로 돕고 나누고 겸손히 조언을 구해야 합니다.

성령님이 감동을 주신 문장에 밑줄을 긋고 깊이 묵상해보세요.

필사하며 마음판에 말씀 새기기

마 7:5　외식하는 자여 먼저 네 눈 속에서 들보를 빼어라 그 후에야 밝히 보고 형제의 눈 속에서 티를 빼리라.

갈 6:2　너희가 짐을 서로 지라 그리하여 그리스도의 법을 성취하라.

성령님께 묻고 듣고 행하기

성령님, 계속되는 훈계에도 불구하고 변하지 않는 사람이 곁에 있다면 제가 그에게서 단점만 보지 않고 감사할 조건도 찾게 해주세요.

성령님, 오늘 제가 '혼자'가 아닌 '함께' 짐을 지어야 할 사람은 누구인가요? 그와 어떤 짐을 나누면서 서로 의지해야 할까요?

오늘 나를 만나주신 하나님은 어떤 분이신지 한 문장으로 고백해보세요.

십자가로 다시 사는 경건훈련

산상수훈 읽기	정한 말씀읽기	정한 기도시간	나의 감사·회개·간구	이웃·교회·나라·열방을 위한 도고
☐	장 ☐	분 ☐		

유혹 앞에서 거칠게 저항하십시오

우리는 하나님에 대한 믿음과 마음이 흔들릴 때, 유혹에 쉽게 빠집니다. 그 때 우리의 모습은 마치 키 없는 배가 바람에 밀려 요동치는 것과 같습니다. 그래도 유혹의 이로운 점 하나는 유혹을 받을 때에야 비로소 나의 참 믿음의 실상을 볼 수 있고, 유혹을 이길 때까지 스스로를 단련해나갈 수 있다는 점입니다.

유혹이 당신의 마음 문 앞에 서서 두드릴 때, 방심하지 마십시오. 그 즉시 거절하면 비교적 쉽게 물리칠 수 있습니다. 누군가는 "유혹이 올 때, 처음부터 저항하십시오. 미루면 너무 늦습니다. 악은 지체할수록 힘을 얻기 때문입니다"라고 말했습니다. 맞습니다, 처음에 유혹은 아주 단순한 '생각'으로 찾아오고 거기에 이어서 '상상'이 더해지고 마침내 '쾌락'으로 끝납니다. 그러니 처음부터 유혹에 저항하지 않으면 사탄은 당신의 모든 것을 점령하려 들 것입니다. 시간이 갈수록 사탄은 강해지고 당신은 약해져 더 이상 저항할 힘을 잃게 될 것입니다.

사도 바울은 "시험 당할 즈음에 또한 피할 길을 내사 너희로 능히 감당하게 하시느니라"고 말합니다(고전 10:13). 혹 지금 시험 중에 있습니까? 절망하지 말고 주님께 나아가십시오. 당신의 영혼을 주님께 맡기고 그분 앞에 겸손히 엎드리십시오. 하나님은 겸손한 자를 반드시 구원해주십니다. 그리고 그 시험을 통하여 당신을 성장시키실 것입니다.

성령님이 감동을 주신 문장에 밑줄을 긋고 깊이 묵상해보세요.

십자가에 못 박는 하루점검

정한 삶의 금식을 행하였나요?

불의한 말과 행동을 금하였나요?

마음과 생각을 지켰나요?

성전인 몸을 의의 병기로 단련했나요?

필사하며 마음판에 말씀 새기기

눅 22:39-40 예수께서 나가사 습관을 따라 감람 산에 가시매 제자들도 따라갔더니 그곳에 이르러 그들에게 이르시되 유혹에 빠지지 않게 기도하라 하시고.

요일 5:4 무릇 하나님께로부터 난 자마다 세상을 이기느니라 세상을 이기는 승리는 이것이니 우리의 믿음이니라.

성령님께 묻고 듣고 행하기

성령님, 광야에서 사탄의 유혹을 단번에 거절하신 예수님을 본받아 가장 먼저 말씀의 칼을 들고 제 마음과 생각을 지키게 해주세요. 아직 제게 말씀의 병기가 준비되지 않았다면 "죄와 사망, 사탄과 지옥의 권세를 이기신 예수 그리스도!"를 크게 외치도록 도와주세요.

성령님, 제가 이미 유혹에 빠져 있다면 지금이라도 유혹을 이기신 예수님의 방법을 따르게 해주세요. 그것이 어렵다면 도움을 얻을 하나님의 사람은 누구인가요?

오늘 나를 만나주신 하나님은 어떤 분이신지 한 문장으로 고백해보세요.

십자가로 다시 사는 경건훈련

산상수훈 읽기	정한 말씀읽기	정한 기도시간	나의 감사·회개·간구	이웃·교회·나라·열방을 위한 도고
	장	분		
☐	☐	☐		

'골방신앙'을 지켜 나가십시오

"잠자리에 누워 마음 깊이깊이 반성하면서 눈물을 흘려라"(시 4:4, 새번역). 이 말씀을 통회하는 마음으로 묵상하며 골방으로 들어가십시오. 우리는 그리스도 앞에서 내 고집을 꺾는 철저한 통회 없이는 온전한 하늘의 위로를 받을 수 없습니다. 당신이 신앙생활의 첫 시작부터 '골방신앙'을 유지해나간다면 그곳에서 큰 위로를 얻을 것입니다.

신앙생활에 있어서 '침묵'과 '고요'는 영적 진보를 이루며 감추어진 진리를 깨닫도록 도와줍니다. 밤에 침상에서 조용히 흘리는 눈물은 마음을 깨끗이 씻어 주고, 창조주와의 친밀함 가운데 세상의 모든 소음을 차단시켜 줍니다. 기적을 행하면서 구원을 멀리하는 것보다 골방에서 주님과 함께 있는 사람, 세상 사람들과 같은 꿈을 꾸지 않고 골방을 택한 사람이 주님께 귀합니다.

"이 세상과 그 정욕은 지나가" 없어지는 것입니다(요일 2:17). 만약 당신이 육신의 욕망을 참지 못하고 골방에서 나와 세상으로 뛰쳐나간다면, 이내 무거워진 마음으로 돌아올 것입니다. 쾌락을 즐긴 밤은 비참한 아침을 맞는 것으로 끝날 것입니다. 당신은 왜 골방에서 찾지 못한 것을 다른 곳에서 찾으려 합니까? 우리는 스스로 만족할 만한 무언가를 찾으려 애쓰지만 이는 불가능합니다. 공허한 환상일 뿐입니다.

골방 문을 닫고 사랑의 주님을 초청하십시오. 당신은 골방에서 홀로 주님과 함께 할 때에야 비로소 세상이 줄 수 없는 평안을 누릴 것입니다. 그러나 세상을 향해 돌아앉아 세상 이야기에 귀를 기울인다면, 그 끝은 반드시 상처로 남을 것입니다.

성령님이 감동을 주신 문장에 밑줄을 긋고 깊이 묵상해보세요.

십자가에 못 박는 하루점검

정한 삶의 금식을 행하였나요?

불의한 말과 행동을 금하였나요?

마음과 생각을 지켰나요?

성전인 몸을 의의 병기로 단련했나요?

필사하며 마음판에 말씀 새기기

시 62:1 나의 영혼이 잠잠히 하나님만 바람이여 나의 구원이 그에게
서 나오는도다.

마 6:6 너는 기도할 때에 네 골방에 들어가 문을 닫고 은밀한 중에
계신 네 아버지께 기도하라 은밀한 중에 보시는 네 아버지
께서 갚으시리라.

성령님께 묻고 듣고 행하기

성령님, 제가 주님 앞에서 깊이 뉘우치며 통회하는 마음으로 눈물을 흘린 적이 언
제였나요? 굳게 닫혀 있는 제 골방의 문빗장을 깨뜨려 주세요.

성령님, 제가 주님과 단둘이 있는 '고요'의 힘과 주님의 소리를 경청하기 위한 '침
묵'의 은혜와 세상을 차단한 '고독'의 자유함을 누리게 해주세요. 그리고 신앙생활
을 시작하는 지체에게 '골방신앙'의 은혜와 유익을 나누게 해주세요.

오늘 나를 만나주신 하나님은 어떤 분이신지 한 문장으로 고백해보세요.

십자가로 다시 사는 경건훈련

산상수훈 읽기	정한 말씀읽기	정한 기도시간	나의 감사·회개·간구	이웃·교회·나라·열방을 위한 도고
	장	분		
☐	☐	☐		

죄의 뿌리를 도끼로 찍어내십시오

신앙의 가장 큰 장애물 중 하나는 격렬한 감정과 욕망에 사로잡히는 것입니다. 그러나 우리는 이를 억누르기 위해 힘써 노력하지 않습니다. 조금만 어려운 일이 닥쳐도 쉽게 낙담하고 사람들에게 위로받고 싶어 합니다. 때론 죄를 이기기도 하지만 죄와 피 흘리기까지 싸우지는 않습니다.

만일 당신이 전쟁터에 나가는 용사처럼 이 모든 것에서부터 일어나길 원한다면, 지금 이 시간 주님께 도움을 구하십시오. 주님은 당신에게 승리를 주시기 위하여 기다리고 계십니다. 은혜 안에 굳게 세우시기 위하여 준비하고 계십니다. 그러나 이를 위하여 형식적인 율법만 의지하지 마십시오. 그러면 당신의 모든 헌신은 금세 소멸될 것입니다. 진정 격정으로부터 자유해지고 마음의 평안을 얻길 원한다면, 죄의 뿌리를 과감하게 도끼로 찍어내십시오. 매년 하나의 죄라도 뿌리째 뽑아낼 수 있다면 우리는 완전해질지 모릅니다. 그러나 실상은 어떻습니까? 주님을 처음 만났을 때의 마음도 지켜내지 못하고 있습니다.

이제 거룩한 삶을 위하여 굳게 결단하십시오. 지금 작은 일 하나도 감당해내지 못한다면, 어떻게 더 어려운 일을 감당하고 극복해나갈 수 있겠습니까? 처음부터 죄의 유혹에 저항하십시오. 악한 습관을 버리십시오. 그렇지 않으면 죄에 끌려 다니게 될 것입니다. 혹 '신앙의 열정이 다 사그라진 내게 더 이상 소망은 없다'라고 여기십니까? 아닙니다, 주님을 향한 마음이 조금이라도 남아 있다면 다시 그 불씨를 일으킬 수 있습니다.

성령님이 감동을 주신 문장에 밑줄을 긋고 깊이 묵상해보세요.

십자가에 못 박는 하루점검

정한 삶의 금식을 행하였나요?

불의한 말과 행동을 금하였나요?

마음과 생각을 지켰나요?

성전인 몸을 의의 병기로 단련했나요?

필사하며 마음판에 말씀 새기기

히 12:4 너희가 죄와 싸우되 아직 피흘리기까지는 대항하지 아니
하고.

살전 5:22 악은 어떤 모양이라도 버리라.

성령님께 묻고 듣고 행하기

성령님, 죄악에 무뎌진 제 마음을 깨닫게 해주시고 성령의 검으로 마음에 할례를
행하여 주세요. 겉모습만 신앙인이 아닌 하나님을 사랑하는 자녀로서 오늘을 살아
가게 해주세요.

성령님, 제가 죄의 뿌리 뽑기를 포기했거나 반복적으로 다시 시도하는 악한 습관
은 무엇인가요? 완전한 자유와 평안을 주는 죄 사함의 은혜 아래 죄를 미워하게
해주세요.

오늘 나를 만나주신 하나님은 어떤 분이신지 한 문장으로 고백해보세요.

십자가로 다시 사는 경건훈련

산상수훈 읽기	정한 말씀읽기	정한 기도시간	나의 감사·회개·간구	이웃·교회·나라·열방을 위한 도고
	장	분		
☐	☐	☐		

살아 숨 쉴 때 죽음을 생각하십시오

이제부터는 내일 죽음을 앞둔 사람처럼 행동하십시오. 그만큼 모든 것에 주의를 기울여 오늘을 살아내십시오. 죽음이 아무 준비도 되지 않은 당신을 갑자기 취해 가지 않도록 깨어 있으십시오. 지각이 있는 사람은 항상 죽음을 염두에 두고 살아갑니다. 선한 일을 열망하는 사람, 애통하는 사람, 하나님의 말씀에 순종하는 사람, 자기 자신을 부인하는 사람, 그리스도를 위하여 고난을 견디는 사람은 진정 행복한 죽음을 맞이할 것입니다.

가장 소중한 순간은 '지금'입니다. 바로 지금이 은혜 받을 만한 때요 구원의 날입니다. 죽음 너머 영원한 천국으로 가는 길을 위하여 지금 아무것도 투자하지 않는다면, 이 얼마나 슬픈 일입니까? 그러니 지금 바로 믿음의 선한 싸움을 싸우고 죽음에 대해 깊이 생각하면서 신중하게 살아가십시오. 지금 내 영혼이 어디로 가고 있는지 끊임없이 돌아보고, 살아 있는 동안 하늘에 영원한 보화를 쌓으십시오.

어쩌면 지금 당신이 세상에 붙들려 있는 이유는 죽음에 대해 전혀 생각하지 않고 살아가기 때문인지도 모릅니다. 당신 인생에 '구원' 말고 중요한 것은 아무것도 없습니다. 오직 하늘의 것에 관심을 두고 나그네처럼 살아가십시오. 이 땅에는 영원히 거할 집이 없으니 무엇에도 매이지 말고 자유로운 마음으로 주만 바라보십시오. 언젠가 맞이하게 될 그날에 기쁨으로 주께 달려갈 수 있도록 당신 영혼을 위하여 날마다 탄식과 눈물로 기도하십시오.

성령님이 감동을 주신 문장에 밑줄을 긋고 깊이 묵상해보세요.

십자가에 못 박는 하루점검

정한 삶의 금식을 행하였나요?

마음과 생각을 지켰나요?

불의한 말과 행동을 금하였나요?

성전인 몸을 의의 병기로 단련했나요?

필사하며 마음판에 말씀 새기기

고후 6:2 이르시되 내가 은혜 베풀 때에 너에게 듣고 구원의 날에 너를 도왔다 하셨으니 보라 지금은 은혜 받을 만한 때요 보라 지금은 구원의 날이로다.

딤후 4:7-8 나는 선한 싸움을 싸우고 나의 달려갈 길을 마치고 믿음을 지켰으니 이제 후로는 나를 위하여 의의 면류관이 예비되었으므로 주 곧 의로우신 재판장이 그 날에 내게 주실 것이며 내게만 아니라 주의 나타나심을 사모하는 모든 자에게도니라.

성령님께 묻고 듣고 행하기

성령님, 내 만족을 위한, 내가 원하는 나의 버킷 리스트가 아닌 저를 향하신 예수님의 버킷 리스트는 무엇인가요?

성령님, 주께서 제게 허락하신 오늘의 몫에 충실하게 해주세요. 그날에 불타지 않는 공적을 쌓기 위하여 오늘 제가 무엇을 행하길 원하시나요?

오늘 나를 만나주신 하나님은 어떤 분이신지 한 문장으로 고백해보세요.

십자가로 다시 사는 경건훈련

산상수훈 읽기	정한 말씀읽기	정한 기도시간	나의 감사·회개·간구	이웃·교회·나라·열방을 위한 도고
	장	분		
☐	☐	☐		

다가오는 심판 날을 준비하십시오

어느 누구도 세상이 주는 기쁨과 천국을 동시에 선택할 수 없습니다. 우리 각 사람은 행한 대로 심판받을 것입니다. 어쩌면 지옥에서의 한 시간이 이 땅에서의 백 년보다 훨씬 더 길게 느껴질지 모릅니다. 여기서는 아무리 힘들어도 쉴 수 있고 위로받을 수 있지만, 지옥은 끝없이 고통스러운 곳이기 때문입니다. 그러니 심판 날에 후회하지 않도록 지금 당신의 죄에 대하여 애통해 하십시오.

그날이 오면 세상에 어리석었던 것이 가장 지혜로웠음을 알게 될 것입니다. 인내가 세상의 어떤 권력보다 가치 있었고, 순종이 세상의 어떤 지략보다 위대했음을 알게 될 것입니다. 주를 위하여 멸시 당한 모든 것이 세상의 어떤 보물보다 값졌고, 거룩한 작은 행동이 많은 말보다 가치 있었음을 알게 될 것입니다. 좁은 길을 걷는 고행으로 영원한 기쁨을 얻었고, 주를 위하여 당한 고통으로 영원한 고통을 피하게 되었음을 알게 될 것입니다. 그날이 오면 진정 육신의 정욕을 억누른 사람은 기뻐하고, 이 세상에서 하고 싶은 것을 다 한 사람은 슬피 울 것입니다.

오직 하나님을 사랑하는 사람은 죽음과 형벌, 심판과 지옥을 두려워하지 않습니다. 온전한 사랑이 두려움을 내쫓기 때문입니다. 천국에 가려는 이유가 지옥에 대한 두려움 때문입니까? 아닙니다, 두려워하는 사람은 선한 삶을 오래 유지하지 못할 뿐 아니라 사탄의 덫에 금세 걸리고 맙니다. 그보다 중요한 것은 하나님의 사랑 안에서 모든 두려움을 이겨내는 것입니다.

성령님이 감동을 주신 문장에 밑줄을 긋고 깊이 묵상해보세요.

십자가에 못 박는 하루점검

정한 삶의 금식을 행하였나요?

불의한 말과 행동을 금하였나요?

마음과 생각을 지켰나요?

성전인 몸을 의의 병기로 단련했나요?

필사하며 마음판에 말씀 새기기

눅 12:5 　마땅히 두려워할 자를 내가 너희에게 보이리니 곧 죽인 후
　　　에 또한 지옥에 던져 넣는 권세 있는 그를 두려워하라.

요일 4:18 　사랑 안에 두려움이 없고 온전한 사랑이 두려움을 내쫓나니
　　　두려움에는 형벌이 있음이라 두려워하는 자는 사랑 안에서
　　　온전히 이루지 못하였느니라.

성령님께 묻고 듣고 행하기

성령님, 심판과 지옥에 대한 메시지를 새롭게 자각하며 마음을 겸비하게 해야 할
일과 기쁘게 다시 직면해야 할 현실은 무엇인가요?

성령님, 주의 종들이 온전한 사랑을 힘입어 죽음과 부활, 죄 사함과 형벌, 구원과
심판, 천국과 지옥을 균형 있게 선포하도록 도와주세요. 이 시간 세우신 종들을 위
하여 기도하겠습니다.

오늘 나를 만나주신 하나님은 어떤 분이신지 한 문장으로 고백해보세요.

십자가로 다시 사는 경건훈련

산상수훈 읽기	정한 말씀읽기	정한 기도시간	나의 감사·회개·간구	이웃·교회·나라·열방을 위한 도고
	장	분		
☐	☐	☐		

그럴 수 없느니라

죄에 대하여 죽은 우리가

어찌 그 가운데 더 살리요

로마서 6:2

나의 내면이
그리스도를 본받을 때까지

GATE

2

내면에 '하늘의 것'을 품으십시오

하늘의 것을 사모한다는 것은 어떤 의미입니까? 잘 모르겠다면 그리스도가 당신을 위하여 기꺼이 당하신 고난을 묵상하십시오. 죄인을 위하여 십자가에 달려 돌아가신 그리스도를 깊이 생각할 때, 당신은 세상으로부터 눈을 돌려 하늘을 바라볼 수 있습니다.

십자가 앞에서 우리가 어찌 불평하고, 아무 고난과 인내 없이 보상받으려 할 수 있겠습니까? 그리스도를 위하여 고난 받는 것을 외면하면서 어찌 그분의 친구가 될 수 있겠습니까? 장차 그리스도와 함께 다스리길 원한다면 그분과 함께, 그리고 그분을 위하여 받는 고난을 기꺼이 받아들이십시오. 그리스도를 사랑하고 그리스도로 당신의 내면을 끊임없이 변화시키십시오. 그리스도와 연합할 때, 당신은 순결한 신부로 단장되고 영적으로 충만해질 것입니다. 감정의 지배를 받지 않고 평안과 기쁨을 누릴 것입니다. 사람의 말과 생각보다 하늘의 지혜를 귀히 여길 것입니다. 늘 주님과 교제하기에 특별한 장소나 시간에 매이지 않을 것입니다. 세상 것을 따르다가 마음이 황폐해지지 않을 것입니다. 힘겨운 일이 사명의 장애가 되지 않을 것입니다. 이해하기 어렵고 고집스러운 사람들의 행동에 영향을 받지 않을 것입니다.

세상 것에 애착을 둠으로써 당신의 내면을 더럽히는 것은 참으로 무가치한 일입니다. 이제 땅으로부터 오는 모든 것을 거절하고, 그리스도를 바라보며 하늘의 것을 품으십시오.

성령님이 감동을 주신 문장에 밑줄을 긋고 깊이 묵상해보세요.

십자가에 못 박는 하루점검

정한 삶의 금식을 행하였나요?

1 **2** **3** **4** **5**

불의한 말과 행동을 금하였나요?

1 **2** **3** **4** **5**

마음과 생각을 지켰나요?

1 **2** **3** **4** **5**

성전인 몸을 의의 병기로 단련했나요?

1 **2** **3** **4** **5**

필사하며 마음판에 말씀 새기기

롬 8:17
자녀이면 또한 상속자 곧 하나님의 상속자요 그리스도와 함께 한 상속자니 우리가 그와 함께 영광을 받기 위하여 고난도 함께 받아야 할 것이니라.

골 3:1-2
그러므로 너희가 그리스도와 함께 다시 살리심을 받았으면 위의 것을 찾으라 거기는 그리스도께서 하나님 우편에 앉아 계시느니라 위의 것을 생각하고 땅의 것을 생각하지 말라.

성령님께 묻고 듣고 행하기

성령님, 제가 거룩을 위하여 떨쳐내야 할 내면의 속된 것은 무엇인가요? 하늘의 것을 품기 위하여 신령한 것을 사모하게 해주세요.

성령님, 그리스도의 십자가 앞에서 제가 외면하지 말아야 할 고난은 무엇인가요? 제가 죽고 남을 살리는 일은 무엇인가요?

오늘 나를 만나주신 하나님은 어떤 분이신지 한 문장으로 고백해보세요.

십자가로 다시 사는 경건훈련

산상수훈 읽기	정한 말씀읽기	정한 기도시간	나의 감사·회개·간구	이웃·교회·나라·열방을 위한 도고
	장	분		
☐	☐	☐		

내면에 '겸손'을 새기십시오

당신과 함께 하는 사람이 누구이고 당신을 반대하는 사람이 누구인지 너무 예민하게 생각하지 마십시오. 다만 하나님께서 함께 하시는 모든 일에 관심을 가지십시오. 하나님은 마음이 청결한 자를 보호해주십니다. 고난 가운데 침묵하는 자를 도와주십니다. 오직 주님만이 각 사람을 언제 어떻게 구원하실지 아는 분이기에 우리는 우리를 도와주시고 모든 근심에서 해방시켜 주시는 그분의 손안에서 삶의 자리를 겸손히 지켜내야 합니다.

누군가에게 나의 결점을 지적받는 일은 부끄러운 일이지만 자기 자신을 위해서는 유익한 일입니다. 그 일을 통해 겸손을 배울 수 있기 때문입니다. 자신의 결점을 통해 겸손하게 된 사람은 화를 절제하지 못하는 사람들에게도 쉽게 다가가 마음을 어루만져 줄 수 있습니다.

겸손한 사람은 하나님께서 반드시 지켜 주십니다. 그는 아무것에도 매이지 않고 자유하며 주의 사랑과 위로를 경험합니다. 업신여김을 당할지라도 주님의 은혜를 따라 영광에 이릅니다. 고난 중에라도 평안을 누립니다. 그가 겸손히 하나님만을 의지하였기 때문입니다. 진정 하나님은 겸손한 자에게 비밀한 것을 보이시고 그분께로 가까이 이끄시는 분입니다.

"나는 당신보다 나은 것이 하나도 없습니다"라고 고백하며 살아가고 있습니까? 이렇게 스스로 열등하게 되지 않는 한, 당신은 어떠한 믿음의 진보도 이루지 못한 것임을 명심하십시오.

성령님이 감동을 주신 문장에 밑줄을 긋고 깊이 묵상해보세요.

십자가에 못 박는 하루점검

정한 삶의 금식을 행하였나요?	불의한 말과 행동을 금하였나요?
① ② ③ ④ ⑤	① ② ③ ④ ⑤
마음과 생각을 지켰나요?	성전인 몸을 의의 병기로 단련했나요?
① ② ③ ④ ⑤	① ② ③ ④ ⑤

필사하며 마음판에 말씀 새기기

잠 22:4 　겸손과 여호와를 경외함의 보상은 재물과 영광과 생명이
니라.

사 57:15 　내가 높고 거룩한 곳에 있으며 또한 통회하고 마음이 겸손
한 자와 함께 있나니 이는 겸손한 자의 영을 소생시키며 통
회하는 자의 마음을 소생시키려 함이라.

성령님께 묻고 듣고 행하기

성령님, 지금 제 삶의 불평과 원망은 무엇인가요? 비록 삶은 곤고했지만 예수님을
따라 온유와 겸손으로 그 시간을 지켜냈을 때에 받은 은혜의 상급을 기억하면서
회개하고 감사하게 해주세요.

성령님, 오늘 제가 예수 그리스도를 힘입어 겸손을 택하게 해주세요. '겸손의 힘'
을 경험하고 믿음의 진보를 이루도록 도와주세요.

오늘 나를 만나주신 하나님은 어떤 분이신지 한 문장으로 고백해보세요.

십자가로 다시 사는 경건훈련

산상수훈 읽기	정한 말씀읽기	정한 기도시간	나의 감사·회개·간구	이웃·교회·나라·열방을 위한 도고
	장	분		
☐	☐	☐		

내면에 '평안'을 새기십시오

내면에 평안을 유지하십시오. 평안을 전하며 화평케 하는 사람이 되십시오. 화평케 하는 사람은 모든 것을 선하게 변화시킵니다. 그는 학문이 높은 사람보다 위대한 일을 합니다. 평정을 잃지 않고 안정적이기에 누군가를 쉽게 의심하지 않습니다. 그러나 분쟁을 일으키고 불평하는 사람은 삶 자체가 의심으로 뒤엉켜 있습니다. 그는 스스로 안정을 취하지 못할 뿐 아니라 다른 사람들이 안정을 취하는 것도 용납하지 않습니다. 말해서는 안 될 것을 말하고 반드시 해야 할 일을 하지 않습니다. 다른 사람들의 일에는 열심히 간섭하면서 정작 자신의 일에는 게으릅니다.

그렇다면 당신은 어떤 사람입니까? 화평케 하는 사람이 되길 원한다면, 먼저 정의롭게 살기 위하여 애쓰십시오. 지금 당장 인정받지 못하더라도 최선을 다하십시오. 용서할 수 없는 사람을 용서하십시오. 혹 지금 누군가에게 화가 나 있습니까, 아니면 당신 자신에게 화가 나 있습니까? 스스로를 정직하게 돌아보십시오. 그러면 당신이 평안으로부터 얼마나 멀어져 있는지 깨달을 것입니다.

누구나 평안하고 친절한 사람을 좋아하지 분쟁을 일으키는 사람은 싫어 합니다. 그러나 화평을 깨뜨리는 사람에게 먼저 다가가십시오. 성도는 할 수 있는 한 모든 사람과 화목하고 모든 사람을 선한 길로 인도해야 하는 자들이기 때문입니다. 그리스도의 평안을 누리고 전하는 자들이기 때문입니다.

성령님이 감동을 주신 문장에 밑줄을 긋고 깊이 묵상해보세요.

십자가에 못 박는 하루점검

정한 삶의 금식을 행하였나요?

① ② ③ ④ ⑤

불의한 말과 행동을 금하였나요?

① ② ③ ④ ⑤

마음과 생각을 지켰나요?

① ② ③ ④ ⑤

성전인 몸을 의의 병기로 단련했나요?

① ② ③ ④ ⑤

필사하며 마음판에 말씀 새기기

롬 12:18　할 수 있거든 너희로서는 모든 사람과 더불어 화목하라.

엡 2:16-17　또 십자가로 이 둘을 한 몸으로 하나님과 화목하게 하려 하심이라 원수 된 것을 십자가로 소멸하시고 또 오셔서 먼 데 있는 너희에게 평안을 전하시고 가까운 데 있는 자들에게 평안을 전하셨으니.

성령님께 묻고 듣고 행하기

성령님, 제가 마음의 평안을 되찾기 위해 지체하지 말고 취해야 할 행동은 무엇인가요?

성령님, 다른 사람의 평안을 위해 바꿔야 할 제 언행은 무엇인가요? 제가 공동체의 화평을 깨뜨리는 사람에게 예수님의 어떤 모습을 비추어야 할까요?

오늘 나를 만나주신 하나님은 어떤 분이신지 한 문장으로 고백해보세요.

십자가로 다시 사는 경건훈련

산상수훈 읽기	정한 말씀읽기	정한 기도시간	나의 감사·회개·간구	이웃·교회·나라·열방을 위한 도고
	장	분		

내면에 '단순'과 '순수'를 새기십시오

당신은 단순함과 순수함이라는 두 날개를 달고 이 땅에서 저 하늘까지 날아올라야 합니다. 당신의 목적은 단순해야 하고 갈망은 순수해야 합니다. 단순함은 당신을 하나님께로 이끌고 순수함은 그분의 기쁨이 되기 때문입니다.

먼저 세상에 대한 모든 애착으로부터 벗어나십시오. 벗어나려 하면 할수록 이전에 즐기던 모든 것이 당신을 불편하게 하겠지만, 끊임없이 주님의 기쁨을 구하며 가난한 이웃에게 선행을 베푸십시오. 그러면 '단순'하고 '순수'한 삶이 시작될 것입니다. 매인 모든 것이 풀리고 자유해질 것입니다. 모든 피조물이 당신을 위하여 살아 있는 '거울'과 거룩한 가르침을 주는 '책'이 되어 줄 것입니다. 내면이 단순하고 순수하면, 모든 것을 있는 그대로 분명하게 보고 이해할 수 있습니다. 천국과 지옥을 바라보면서 선과 악을 분별해낼 수 있습니다. 그러나 그렇지 못한 사람은 고통과 걱정거리를 가장 잘 구별해냅니다.

우리는 조금만 풀어져도 수고하는 것을 두려워하고 안락을 구하기에 늘 나 자신과 싸우며 내면에 '단순'과 '순수'를 새겨야 합니다. 그래야 담대히 그리스도의 길을 걸어갈 수 있습니다. 이전에 포기했던 어려운 일들을 다시 감당할 수 있습니다. 철이 불에 던져지면 녹이 사라지고 빛을 내듯 하나님께로 돌아온 사람은 누구든지 이렇게 새롭게 변화될 것입니다.

성령님이 감동을 주신 문장에 밑줄을 긋고 깊이 묵상해보세요.

십자가에 못 박는 하루점검

정한 삶의 금식을 행하였나요?				
1	2	3	4	5

불의한 말과 행동을 금하였나요?				
1	2	3	4	5

마음과 생각을 지켰나요?				
1	2	3	4	5

성전인 몸을 의의 병기로 단련했나요?				
1	2	3	4	5

필사하며 마음판에 말씀 새기기

눅 10:41-42 마르다야 마르다야 네가 많은 일로 염려하고 근심하나 몇
가지만 하든지 혹은 한 가지만이라도 족하니라 마리아는 이
좋은 편을 택하였으니 빼앗기지 아니하리라 하시니라.

고전 5:8 이러므로 우리가 명절을 지키되 묵은 누룩으로도 말고 악하
고 악의에 찬 누룩으로도 말고 누룩이 없이 오직 순전함과
진실함의 떡으로 하자.

성령님께 묻고 듣고 행하기

성령님, 단순하고 순수한 생각과 생활습관을 위하여 제가 가지치고 변화되어야 할
부분은 무엇인가요?

성령님, 무엇에 대한 애착과 집착이 단순하고 순전한 신앙생활을 방해하고 있나
요? 한 가지를 제외한 모든 것을 버려야 한다면 제가 택할 '좋은 편' 한 가지는 무
엇인가요?

오늘 나를 만나주신 하나님은 어떤 분이신지 한 문장으로 고백해보세요.

십자가로 다시 사는 경건훈련

산상수훈 읽기	정한 말씀읽기	정한 기도시간	나의 감사·회개·간구	이웃·교회·나라·열방을 위한 도고
	장	분		
☐	☐	☐		

내면에 '감사'를 새기십시오

항상 감사하는 삶을 사십시오. 이는 겸손으로까지 이어져 당신을 교만으로부터 멀어지게 할 것입니다. 회개하지 못하도록 가로막는 세상의 위로를 끊어내십시오. 교만하게 만드는 생각에 잠겨 있지 마십시오. 세상을 사랑하지 말고, 하나님이 기뻐하시는 것을 선택하십시오. 날마다 겸손해지기를 갈망하십시오. 회개하는 은총과 자기 부인의 삶을 간절히 구하십시오.

우리는 값없이 받은 은혜, 그리고 고난의 채찍을 통하여 나의 의를 내세우지 않고, 오히려 나의 부족함과 헛됨을 인정하게 됩니다. 하나님의 것은 하나님에게, 자신의 것은 자신에게 돌리십시오. 그분의 은혜에 감사드리고, 자신의 잘못에 대해서는 다그치고 징계하십시오. 보잘것없는 것이라도 값없이 주신 주님께 감사하십시오. 그러면 귀한 것을 받아 누릴 자격을 얻을 것입니다. 아주 작은 것이라도 소중히 여기고, 하찮게 보이는 것이라도 귀하게 여기십시오. 당신이 은혜를 베풀어 주시는 분의 위엄을 안다면, 그것들이 더 이상 작거나 하찮게 여겨지지 않을 것입니다.

감사하는 사람은 하나님께 은총을 받아 기쁘게 누리며 살아갑니다. 때로는 하나님께서 은총이 아닌 형벌을 내리시기도 하지만 이 또한 감사하며 받아들이십시오. 모든 일이 그분의 주권 아래 있기 때문입니다. 하나님의 은혜 안에 거하길 원한다면, 그분이 주시는 모든 것에 늘 감사하고 인내하십시오. 기도로써 은혜 안에 거하고 그 은혜를 놓치지 않도록 깨어 주의하고 범사에 감사하십시오.

성령님이 감동을 주신 문장에 밑줄을 긋고 깊이 묵상해보세요.

십자가에 못 박는 하루점검

정한 삶의 금식을 행하였나요?

1 2 3 4 5

불의한 말과 행동을 금하였나요?

1 2 3 4 5

마음과 생각을 지켰나요?

1 2 3 4 5

성전인 몸을 의의 병기로 단련했나요?

1 2 3 4 5

필사하며 마음판에 말씀 새기기

대상 16:34 여호와께 감사하라 그는 선하시며 그의 인자하심이 영원함
이로다.

살전 5:18 범사에 감사하라 이것이 그리스도 예수 안에서 너희를 향하
신 하나님의 뜻이니라.

성령님께 묻고 듣고 행하기

성령님, 감사하는 마음을 가로막는 제 안의 부정적인 감정은 무엇인가요? 아주 보
잘것없고 하찮게 보이나 제 삶에 얼마나 감사한 것들이 많은지 돌아보며 손꼽아
보게 해주세요.

성령님, 범사에 감사하지 못하고 불평하는 제 근본 원인을 깨우쳐 주세요. 감사하
는 습관을 들이기 위해 어떤 변화부터 시도해야 할까요?

오늘 나를 만나주신 하나님은 어떤 분이신지 한 문장으로 고백해보세요.

십자가로 다시 사는 경건훈련

산상수훈 읽기	정한 말씀읽기	정한 기도시간	나의 감사·회개·간구	이웃·교회·나라·열방을 위한 도고
	장	분		
☐	☐	☐		

내면을 '선하게' 가꾸십시오

주께 은총을 입은 사람은 이 땅에서 선한 양심을 증언하며 살아갑니다. 그러니 항상 선한 양심으로 살아가고 주 안에서 기뻐하십시오. 그러면 역경의 한가운데서도 힘을 얻고 기쁨을 누리며 사람의 칭찬이나 비난에 쉽게 흔들리지 않을 것입니다. 선한 양심을 가진 사람은 어떠한 비난을 들어도 평안 가운데 만족해하지만, 악한 양심으로 살아가는 사람은 저항과 두려움을 마주할 것입니다.

사람은 칭찬을 받는다고 더 거룩해지는 존재도, 비난을 받는다고 더 더러워지는 존재도 아닙니다. 하나님께서 바라보시는 그 이상도, 이하도 될 수 없습니다. 그러니 오직 그리스도 안에서 자신의 존재를 받아들이십시오. 사람은 '외면'을 중시하나 하나님은 '중심'을 보시고, 사람은 '결과'를 보나 하나님은 '동기'를 보신다는 것을 명심하십시오.

내면이 선한 사람은 바르게 행동하고 결코 이기적이지 않으며 피조물로부터 어떠한 위로도 구하지 않습니다. 바로 이 점이 그의 깊은 신앙과 정결의 증거입니다. 그러나 하나님께 자신을 온전히 의탁하지 않은 사람은 선이 아닌 불의한 것을 열망하고 이기적으로 행동합니다.

사도 바울은 이렇게 고백합니다. "옳다 인정함을 받는 자는 자기를 칭찬하는 자가 아니요 오직 주께서 칭찬하시는 자니라"(고후 10:18). 내면으로부터 하나님과 동행하며 선한 양심으로 살아가십시오. 세상에 대한 욕심으로부터 자유해지십시오. 그것이 바로 영의 사람의 내면의 상태입니다.

성령님이 감동을 주신 문장에 밑줄을 긋고 깊이 묵상해보세요.

십자가에 못 박는 하루점검

정한 삶의 금식을 행하였나요?

(1) (2) (3) (4) (5)

불의한 말과 행동을 금하였나요?

(1) (2) (3) (4) (5)

마음과 생각을 지켰나요?

(1) (2) (3) (4) (5)

성전인 몸을 의의 병기로 단련했나요?

(1) (2) (3) (4) (5)

필사하며 마음판에 말씀 새기기

미 6:8 사람아 주께서 선한 것이 무엇임을 네게 보이셨나니 여호와
께서 네게 구하시는 것은 오직 정의를 행하며 인자를 사랑
하며 겸손하게 네 하나님과 함께 행하는 것이 아니냐.

벧전 3:16 선한 양심을 가지라 이는 그리스도 안에 있는 너희의 선행
을 욕하는 자들로 그 비방하는 일에 부끄러움을 당하게 하
려 함이라.

성령님께 묻고 듣고 행하기

성령님, 제 내면에 선한 마음을 유지하지 못하도록 깨뜨리는 내적, 외적 요소는 무
엇인가요?

성령님, 제가 믿음의 중심을 지키고, 사람들의 시선과 평가로부터 자유해지기 위
하여 기억하고 붙들어야 할 주님의 말씀은 무엇인가요?

오늘 나를 만나주신 하나님은 어떤 분이신지 한 문장으로 고백해보세요.

십자가로 다시 사는 경건훈련

산상수훈 읽기	정한 말씀읽기 장	정한 기도시간 분	나의 감사·회개·간구	이웃·교회·나라·열방을 위한 도고
☐	☐	☐		

전심으로 그리스도를 사랑하십시오

당신은 그리스도를 위하여 다른 모든 것을 기꺼이 포기할 수 있습니까? 주께서 마음을 다하고 목숨을 다하고 뜻을 다하여 그분을 사랑하라 명하신 것을 기억하십시오! 성도는 그리스도를 사랑하고 그분을 위하여 자기 자신을 미워할 때에야 비로소 진정한 행복을 느낄 수 있습니다. 피조물이 주는 사랑은 쉽게 변할 뿐 아니라 거짓되나 그리스도의 사랑은 영원하고 진실합니다. 언젠가 사라질 피조물은 결코 의지할 수 없으나 그리스도께 자신을 내어드린 사람은 항상 그분을 의지하고 그분과 함께 할 수 있습니다.

전심으로 그리스도를 사랑하십시오! 그분은 당신이 죽을 만큼 사랑한 누군가처럼 당신을 배반하거나 버리지 않을 것입니다. 그러니 살든지 죽든지 그리스도께만 붙어 있으십시오. 오직 그리스도만이 홀로 당신을 도우실 수 있습니다. 그리스도는 당신의 '전심'을 원하십니다. 두 마음 품는 것을 싫어하십니다. 그러니 이제 당신이 사랑하는 모든 피조물로부터 자유해지십시오. 그러면 그리스도께서 당신 안에 거하실 것입니다. 만약 계속해서 피조물을 의지한다면, 당신이 사랑하고 의지하는 모든 것이 무너지는 것을 경험할 것입니다.

부디 사라질 풀의 꽃과 같은 영광을 의지하지 마십시오. 외적인 것을 추구하면 쉽게 현혹되고, 외적인 것에서 위로를 찾으면 결국 낙심하고 맙니다. 오직 우리의 모든 것 되시는 예수 그리스도만 찾으십시오. 그러면 틀림없이 그분을 발견할 것입니다. 그리스도를 사랑하는 사람은 영생을 얻고, 자기 자신을 사랑하는 사람은 파멸할 것입니다.

성령님이 감동을 주신 문장에 밑줄을 긋고 깊이 묵상해보세요.

십자가에 못 박는 하루점검

정한 삶의 금식을 행하였나요?

1   2   3   4   5

불의한 말과 행동을 금하였나요?

1   2   3   4   5

마음과 생각을 지켰나요?

1   2   3   4   5

성전인 몸을 의의 병기로 단련했나요?

1   2   3   4   5

필사하며 마음판에 말씀 새기기

신 6:5　너는 마음을 다하고 뜻을 다하고 힘을 다하여 네 하나님 여호와를 사랑하라.

마 6:24　한 사람이 두 주인을 섬기지 못할 것이니 혹 이를 미워하고 저를 사랑하거나 혹 이를 중히 여기고 저를 경히 여김이라 너희가 하나님과 재물을 겸하여 섬기지 못하느니라.

성령님께 묻고 듣고 행하기

성령님, 지금 저는 무엇에 마음을 빼앗겨 그리스도의 사랑을 저버리고 있나요?

성령님, 제 자신을 사랑하고 세상을 사랑하다가 실패한 경험을 떠올리게 해주세요. 그 무엇도 주님의 크신 사랑에 비할 수 없음을 깨우쳐 주세요.

오늘 나를 만나주신 하나님은 어떤 분이신지 한 문장으로 고백해보세요.

십자가로 다시 사는 경건훈련

산상수훈 읽기	정한 말씀읽기	정한 기도시간	나의 감사·회개·간구	이웃·교회·나라·열방을 위한 도고
	장	분		

●　　●

진심으로 그리스도와 사귀십시오

당신은 예수 그리스도가 없는 삶을 상상할 수 있습니까? 그분 외에 다른 무언가를 바란다면 그것은 진정 미련하고 허망한 일입니다. 그리스도가 없는 세상이 당신에게 무엇을 해줄 수 있습니까? 그분 없는 삶은 지옥과도 같습니다. 그러나 그분과 함께라면 매일 천국을 경험하고, 어느 누구도 당신을 해치지 못할 것입니다. 예수 그리스도를 발견한 사람은 가장 값진 보물을 발견한 것과 같습니다. 그래서 그분을 잃어버린다는 것은 모든 것을 잃어버리는 것보다 더 끔찍한 일입니다. 예수 없이 살아가는 사람은 가장 비천하고, 그분의 은혜로 살아가는 사람은 가장 부요합니다.

늘 화평을 이루고 겸손하십시오. 경건하게 생활하십시오. 그러면 주님께서 당신과 함께 하시고 당신 안에 거하실 것입니다. 세상을 향해 발걸음을 내딛지 마십시오. 이는 당신 안에 거하시는 주님을 급히 몰아내는 것입니다. 당신은 진정 누구와 함께 하길 원하고 누구와 친밀히 사귀고 싶습니까? 그 답이 '예수 그리스도'가 아니라면 당신 삶은 매우 슬프고 황량해질 것입니다. 어느 누구도 그분 없이 행복할 수 없습니다. 그런데도 그리스도가 없는 어리석은 삶을 계속 고집하며 살아가겠습니까?

모든 사람이 당신을 원할지라도 오직 예수 그리스도만을 구하고 그분과 온전히 사귀십시오. 죄로 원수 되었던 우리를 위하여 자기 자신을 버리신 그분을 온 마음으로 사랑하십시오. 그리고 이제는 그분을 위하여, 그분 안에서 원수도 사랑하십시오. 그들에게 그리스도의 사랑을 알게 하십시오.

성령님이 감동을 주신 문장에 밑줄을 긋고 깊이 묵상해보세요.

십자가에 못 박는 하루점검

정한 삶의 금식을 행하였나요?

1　　2　　3　　4　　5

불의한 말과 행동을 금하였나요?

1　　2　　3　　4　　5

마음과 생각을 지켰나요?

1　　2　　3　　4　　5

성전인 몸을 의의 병기로 단련했나요?

1　　2　　3　　4　　5

필사하며 마음판에 말씀 새기기

고후 3:5 우리가 무슨 일이든지 우리에게서 난 것 같이 스스로 만족할 것이 아니니 우리의 만족은 오직 하나님으로부터 나느니라.

요일 1:6 만일 우리가 하나님과 사귐이 있다 하고 어둠에 행하면 거짓말을 하고 진리를 행하지 아니함이거니와.

성령님께 묻고 듣고 행하기

성령님, 예수님을 처음 만났을 때에 주님 한 분만으로 만족하던 그 순전한 마음, 주님을 무엇과도 바꿀 수 없었던 그 충만한 기쁨, 주님만 갈망하던 그 뜨거운 사랑을 어떻게 하면 회복할 수 있을까요?

성령님, 오늘 제가 예수님을 기쁘시게 하기 위해 나아갈 곳은 어디인가요? 신랑이신 예수님 곁에 서기 위해 성결하고 고귀하게 단장할 부분은 무엇인가요?

오늘 나를 만나주신 하나님은 어떤 분이신지 한 문장으로 고백해보세요.

십자가로 다시 사는 경건훈련

산상수훈 읽기	정한 말씀읽기	정한 기도시간	나의 감사·회개·간구	이웃·교회·나라·열방을 위한 도고
	장	분		
☐	☐	☐		

우리가 항상 예수의 죽음을 몸에 짊어짐은

예수의 생명이 또한

우리 몸에 나타나게 하려 함이라

고린도후서 4:10

나를 끌어안으시는
그리스도의 위로

GATE

3

너와 맺은 언약을 지키리라

나의 사랑하는 자야, 이 세상에서 내 말을 청종하고 나만을 바라보는 자를 보고 싶구나. 세상을 섬기는 열정만큼이나 내게 순종하고 섬기는 자를 보고 싶구나. 그러나 너희는 조금만 손해를 봐도 보상받으려 하고, 돈 한 푼 때문에 법정에서 싸우는구나. 돈을 위해 밤낮으로 일하는 것도 주저하지 않는구나. 곧 사라질 것을 얻기 위해서라면 험한 길도 마다하지 않으면서 영생을 위해서는 단 한 발자국도 떼려 하지 않는구나.

변하지 않는 선한 것, 영원한 상급과 영광을 위해서는 아무것도 하기 싫어하는 자들이여, 스스로를 수치스럽게 여기라. 너희 게으르고 불평하는 종들이여, 스스로를 부끄럽게 여기라. 왜 생명이 아닌 멸망을 위하여 열심을 내느냐? 왜 진리가 아닌 공허함 가운데서 기뻐하느냐? 이미 너희 삶은 실패가 예견되어 있도다.

나의 사랑하는 자야, 나는 너와 맺은 언약을 반드시 지킬 것이다. 나는 나를 신뢰하는 자를 결코 빈손으로 돌려보내지 않으며 모든 선한 행위를 따라 갚아 줄 것이다. 나를 향한 사랑을 끝까지 지키는 자에게 약속한 모든 것을 이행하고 심판대 앞에서 그를 시인할 것이다. 그러니 진리의 말씀을 네 마음 판에 새기고 부지런히 묵상하여라. 유혹의 때에 그 생명의 말씀이 반드시 너를 도울 것이다. 지금은 이해하기 어려운 말씀이라도 때가 되면 반드시 깨달을 것이다.

성령님이 감동을 주신 문장에 밑줄을 긋고 깊이 묵상해보세요.

십자가에 못 박는 하루점검

정한 삶의 금식을 행하였나요?

불의한 말과 행동을 금하였나요?

마음과 생각을 지켰나요?

성전인 몸을 의의 병기로 단련했나요?

필사하며 마음판에 말씀 새기기

신 30:8 너는 돌아와 다시 여호와의 말씀을 청종하고 내가 오늘 네
게 명령하는 그 모든 명령을 행할 것이라.

잠 3:3 인자와 진리가 네게서 떠나지 말게 하고 그것을 네 목에 매
며 네 마음판에 새기라.

성령님께 묻고 듣고 행하기

성령님, 저는 매일의 삶에 우선순위를 어디에 두고 있나요? 주의 말씀은 제 삶에
몇 순위이고, 제가 성경을 가까이 하지 않는 이유와 습관적인 변명은 무엇인가요?

성령님, 저는 이미 놓고 있으나 주님은 여전히 붙들고 계시는 제게 주신 언약의 말
씀은 무엇인가요?

오늘 나를 만나주신 하나님은 어떤 분이신지 한 문장으로 고백해보세요.

십자가로 다시 사는 경건훈련

산상수훈 읽기	정한 말씀읽기	정한 기도시간	나의 감사·회개·간구	이웃·교회·나라·열방을 위한 도고
	___장	___분		
☐	☐	☐		

내게로 와서 순종을 배우라

나의 사랑하는 자야, 네가 순종을 피해 달아난다면 나의 은총으로부터 멀어지게 될 것이다. 네 이익만을 구한다면 받은 모든 은총을 잃어버리게 될 것이다. 그런데 어찌하여 여전히 순종하지 않느냐? 육신의 소욕대로 살아가면서 왜 나를 향해 불평하느냐? 네 자신을 진정 다스리길 원한다면, 먼저 나에게 순복하여라. 스스로를 철저히 경멸하여라. 그렇게 하지 않으면, 네 인생에서 가장 위험한 적은 다른 누군가가 아닌 바로 네 자신이 될 것이다.

지금 이 순간에도 너는 네 자신을 가장 사랑하는구나. 네 자신을 너무 사랑한 나머지 아무것도 내려놓지 못하고, 어느 누구도 신뢰하지 못하는구나. 무(無)로부터 모든 만물을 창조한 나도, 가장 존귀하며 전지전능한 나도 하늘 영광을 버리고 사람이 되었거늘, 티끌과 같은 네가 어찌 그리 순종하는 것에 대하여 고민하느냐? 이제 나는 네 교만을 나의 겸손으로 정복할 것이다. 내가 먼저 너희 가운데 가장 비천하고 낮은 자가 되었기 때문이다.

티끌과 같은 자여, 내게 와서 순종을 배우라. 모든 사람의 발 앞에 엎드리라. 다른 누군가가 아닌 네 자신에게 대항하라! 오직 겸손과 비천함으로 스스로를 단장하라. 세상이 너를 길가의 먼지처럼 짓밟고 가게 하라. 내 마음을 아프게 하는 죄인이여, 그럼에도 불구하고 너는 내 눈에 사랑스럽고 존귀하구나! 오 나의 사랑하는 자야, 나의 신실하고 맹렬한 사랑을 더욱 갈망하여라. 값없이 받은 은혜에 감사하여라. 온전한 순종과 겸손을 네 안에 담기 위하여 애쓰고 인내로써 모든 치욕을 견뎌내어라.

성령님이 감동을 주신 문장에 밑줄을 긋고 깊이 묵상해보세요.

십자가에 못 박는 하루점검

정한 삶의 금식을 행하였나요?

불의한 말과 행동을 금하였나요?

마음과 생각을 지켰나요?

성전인 몸을 의의 병기로 단련했나요?

필사하며 마음판에 말씀 새기기

막 8:34 누구든지 나를 따라오려거든 자기를 부인하고 자기 십자가
를 지고 나를 따를 것이니라.

갈 5:17 육체의 소욕은 성령을 거스르고 성령은 육체를 거스르나니
이 둘이 서로 대적함으로 너희가 원하는 것을 하지 못하게
하려 함이니라.

성령님께 묻고 듣고 행하기

성령님, 주님 앞에서 "예" 하고 아직까지 순종하지 못하고 있는 일은 무엇인가요?

성령님, 예수님보다 더 사랑해서 포기하지 못하고 여전히 불순종하게 만드는 것은
무엇인가요? 오늘 무엇을 향한 욕심이 주님께 불순종하도록 했나요?

오늘 나를 만나주신 하나님은 어떤 분이신지 한 문장으로 고백해보세요.

십자가로 다시 사는 경건훈련

산상수훈 읽기	정한 말씀읽기	정한 기도시간	나의 감사·회개·간구	이웃·교회·나라·열방을 위한 도고
	___장	___분		
☐	☐	☐		

사람의 말을 두려워하지 말라

나의 사랑하는 자야, 누군가가 너를 나쁘게 생각하거나 너에 대한 나쁜 말을 퍼트리고 다닐지라도 괴로워하거나 두려워하지 말라. 진정 믿음의 길을 가길 원한다면 그런 가치 없는 말에 마음 쓰지 말고, 오히려 모든 사람 가운데 네 자신을 가장 큰 죄인으로 여기고 모든 사람을 너보다 낫게 여겨라. 나는 귀에 들리는 모든 말에 침묵하는 것이 얼마나 어려운 일인지 잘 안다. 그러니 네 마음을 나를 향해 두고 내 말에 더욱 귀를 기울여라. 너를 향한 사람들의 심판에 휘둘리지 말고, 사람의 판단을 따라 네 기준과 행동을 쉽게 바꾸지 말라.

사람의 말을 의지하면 결코 평안을 누릴 수 없음을 기억하여라. 진정한 평안과 영광이 어디 있느냐? 모두 나로부터 오지 않느냐? 사람을 기쁘게 하기 위하여 애쓰는 자, 사람의 판단을 두려워하는 자는 결코 평안을 누리지 못할 것이다. 이는 마음에서 일어나는 모든 불안과 소란이 무질서한 사랑과 두려움으로부터 비롯되기 때문이다.

너는 어떠한 자이기에 죽을 사람을 두려워하며 풀 같이 될 사람의 아들을 두려워하느냐?(사 51:12) 사람은 오늘 있다가도 내일 사라지는 존재이니 너는 오직 나만을 두려워하고 네 눈을 내게로 고정하여라. 말의 옳고 그름을 따지지 말고 변명하지 말라. 억울하고 치욕스런 일을 당할지라도 불평과 성급한 행동으로 네가 받을 면류관을 스스로 놓치지 말라.

성령님이 감동을 주신 문장에 밑줄을 긋고 깊이 묵상해보세요.

정한 삶의 금식을 행하였나요?

마음과 생각을 지켰나요?

불의한 말과 행동을 금하였나요?

성전인 몸을 의의 병기로 단련했나요?

필사하며 마음판에 말씀 새기기

마 10:28 몸은 죽여도 영혼은 능히 죽이지 못하는 자들을 두려워하지 말고 오직 몸과 영혼을 능히 지옥에 멸하실 수 있는 이를 두려워하라.

갈 1:10 이제 내가 사람들에게 좋게 하랴 하나님께 좋게 하랴 사람들에게 기쁨을 구하랴 내가 지금까지 사람들의 기쁨을 구하였다면 그리스도의 종이 아니니라.

성령님께 묻고 듣고 행하기

성령님, 저는 사람들의 어떤 말에 가장 크게 흔들리나요? 사람들의 어떤 공격에 참지 못하고 분을 내며 사람들의 어떤 평가에 가장 억울해 하나요?

성령님, 제가 붙들고 지키고 있는 말씀의 기준은 어느 순간에 흔들리고 무너지나요? 하나님보다 더 두려워하는 사람, 말, 상황은 무엇인가요?

오늘 나를 만나주신 하나님은 어떤 분이신지 한 문장으로 고백해보세요.

십자가로 다시 사는 경건훈련

산상수훈 읽기	정한 말씀읽기	정한 기도시간	나의 감사·회개·간구	이웃·교회·나라·열방을 위한 도고
	장	분		
☐	☐	☐		

내일 일을 염려하지 말라

나의 사랑하는 자야, 왜 내일 일을 위하여 염려하느냐? 이는 근심 위에 근심을 더할 뿐이다. 한 날의 괴로움은 그 날로 족하니라(마 6:34). 아직 일어나지 않은 일로 인하여 미리 슬퍼하지도, 기뻐하지도 말라. 이는 참으로 어리석은 일이다. 그런데 나약한 인간은 원수 마귀에게 속아 쉽게 근심에 빠지는구나. 원수는 너를 현재에 대한 애착과 미래에 대한 두려움으로 무섭게 공격하겠으나 너는 오직 내 사랑에 기대어 나만 의지하여라.

내가 멀리 있는 것처럼 느껴질지라도 내가 너와 함께 함을 굳게 믿으라. 네가 모든 것을 잃은 것처럼 느껴질지라도 승리의 길 한가운데 있음을 믿으라. 네가 바라는 일이 네 뜻과 정반대로 진행될지라도 모든 것을 잃었다고 성급하게 말하지 말라. 네가 느끼는 대로 속단하지 말고 근심하지도 말라. 모든 소망이 사라졌다고 여기지도 말라. 고난 가운데 있을 때에 초조해 하지도, 우울해 하지도 말라. 나는 언제든지 너를 다시 회복시킬 수 있으며 네 모든 슬픔을 기쁨으로 변화시킬 수 있는 자이다. 네 갈 길을 인도하는 나는 완전하며 찬양받기에 합당하도다!

나의 사랑하는 자야, 때론 네가 아무것도 할 수 없는 바로 그때가 내가 너를 구원하기에 가장 좋은 때임을 기억하여라. 그때는 네가 교만하지도, 본모습을 숨긴 채 자신을 포장하지도 않기 때문이다. 나는 네 모든 숨은 생각을 알며 나의 뜻대로 네게 주기도 하고 취하기도 하는 자이다. 오직 나만이 각양 좋은 은사와 온전한 선물을 주는 자이다. 그러니 네가 스스로 아무것도 바꿀 수 없는 내일 일을 염려하지 말고 다 내게 맡기라.

성령님이 감동을 주신 문장에 밑줄을 긋고 깊이 묵상해보세요.

십자가에 못 박는 하루점검

정한 삶의 금식을 행하였나요?

불의한 말과 행동을 금하였나요?

마음과 생각을 지켰나요?

성전인 몸을 의의 병기로 단련했나요?

필사하며 마음판에 말씀 새기기

요 14:1   너희는 마음에 근심하지 말라 하나님을 믿으니 또 나를 믿
으라.

벧전 5:6-7   그러므로 하나님의 능하신 손 아래에서 겸손하라 때가 되면
너희를 높이시리라 너희 염려를 다 주께 맡기라 이는 그가
너희를 돌보심이라.

성령님께 묻고 듣고 행하기

성령님, 하나님의 주권을 신뢰함으로 오히려 간구해야 할 내일 일에 대한 염려는
무엇인가요? 근심 대신 찬양할 일, 침묵 대신 선포할 일, 염려 대신 기도할 일은
무엇인가요?

성령님, 원수 마귀가 불어넣어 사로잡히게 하는 과거에 대한 자책과 현재에 대한
애착은 무엇인가요?

오늘 나를 만나주신 하나님은 어떤 분이신지 한 문장으로 고백해보세요.

십자가로 다시 사는 경건훈련

산상수훈 읽기	정한 말씀읽기	정한 기도시간	나의 감사·회개·간구	이웃·교회·나라·열방을 위한 도고
	___ 장	___ 분		
☐	☐	☐		

물러서지 말고 대적하라

나의 사랑하는 자야, 원수 마귀는 온갖 방법을 동원하여 너를 넘어뜨리려 할 것이다. 모든 경건훈련과 고난에 대한 경건한 묵상, 그리고 선한 일을 향한 굳은 결심으로부터 너를 돌이키게 하려고 애쓸 것이다. 네가 지쳐 있을 때나 두려움을 느낄 때, 악한 생각을 집어넣어 나를 향한 기도와 거룩한 묵상으로부터 멀어지게 할 것이다. 네가 겸손히 드리는 고백을 불쾌해 하며 할 수 있는 한 예배에 참여하지 못하게 할 것이다.

사탄이 너를 넘어뜨리려고 올무를 놓을 때, 주의하여라. 거짓으로 네게 속삭일 때, 대적하여 물리치거라. "더러운 말로 속이는 사탄아, 내게서 떠나가라! 너는 내게서 아무것도 얻을 수 없다. 네게 복종하느니 차라리 모든 고통을 선택할 것이다. 사탄아, 내 앞에서 잠잠하라! 많은 것으로 근심하게 할지라도 나는 그것을 조금도 취하지 않을 것이다. 너는 나의 힘이 되신 예수 그리스도로 인하여 상하게 될 것이다. 주님은 나의 빛이요 나의 구원이시니 내가 누구를 두려워하리오. 많은 군대가 나를 향하여 진 칠지라도 두려워하지 않으리라. 나의 구원자는 주님 한 분뿐이시로다!"

나의 사랑하는 자야, 좋은 군사가 되어 싸우라. 네 약함으로 인해 넘어질지라도 나의 한없는 은총을 힘입어 다시 일어나라. 결코 물러서지 말고 헛된 자기만족과 교만을 주의하라. 얼마나 많은 사람들이 이로 인하여 잘못된 길로 빠졌고 실패하였는지를 기억하고, 스스로 교만해져 몰락해버린 그들을 거울삼아 항상 겸손하라.

성령님이 감동을 주신 문장에 밑줄을 긋고 깊이 묵상해보세요.

십자가에 못 박는 하루점검

정한 삶의 금식을 행하였나요?

불의한 말과 행동을 금하였나요?

마음과 생각을 지켰나요?

성전인 몸을 의의 병기로 단련했나요?

필사하며 마음판에 말씀 새기기

시 27:1   여호와는 나의 빛이요 나의 구원이시니 내가 누구를 두려워
하리요 여호와는 내 생명의 능력이시니 내가 누구를 무서워
하리요.

약 4:7   그런즉 너희는 하나님께 복종할지어다 마귀를 대적하라 그
리하면 너희를 피하리라.

성령님께 묻고 듣고 행하기

성령님, 자기만족, 자기 거만, 자기 자랑으로 인해 사탄이 틈을 탄 부분은 어디인
가요? 제가 예수 그리스도의 좋은 군사가 되기 위해 더욱 견고하게 다질 경건훈련
은 무엇인가요?

성령님, 제가 예수 그리스도의 이름을 부르며 사탄을 대적하여 물리칠 공동체의
일은 무엇이고 기도할 지체는 누구인가요?

오늘 나를 만나주신 하나님은 어떤 분이신지 한 문장으로 고백해보세요.

십자가로 다시 사는 경건훈련

산상수훈 읽기	정한 말씀읽기	정한 기도시간	나의 감사·회개·간구	이웃·교회·나라·열방을 위한 도고
	____장	____분		
☐	☐	☐		

고난을 거부하지 말고 환영하라

나의 사랑하는 자야, 너는 모든 유혹으로부터 자유해지고 어떤 반대에도 부딪치지 않는 평안을 원하나 나는 네가 지금 겪고 있는 고난과 역경 위에 네 평안의 기초를 두길 원하노라. 물론 고난과 역경을 환영하는 것이 어찌 쉬운 일이겠느냐? 그러나 고난 없이는 네 영혼을 정화하는 '불'을 결코 견뎌낼 수 없음을 기억하고 도망치거나 거부하지 말라. 현재의 고난이 네가 받을 형벌로부터 너를 해방시켜 줄 것이니 이를 믿고 너를 향한 나의 선한 목적을 위하여 현재의 고난을 인내로 견디며 나아가라.

너는 왜 세상 사람들은 고난을 당하지 않는다고 생각하느냐? 왜 그들은 가벼운 고난만 겪는다고 생각하느냐? 그들을 찾아가 "당신에게는 어떻게 항상 좋은 일만 생깁니까?"라고 물어보아라. 네 생각과 전혀 다른 대답을 들을 것이다. 그럼에도 "저들은 많은 오락을 즐기면서 하고 싶은 대로 다 하고 사는데, 근심할 게 뭐가 있겠습니까!"라고 계속해서 묻고 싶으냐?

나의 사랑하는 자야, 그들이 원하는 것을 다 갖는다 할지라도 그것이 얼마나 오래 지속되겠느냐? 그것이 영원할 수 있겠느냐? 보라, 그들의 성공은 곧 연기처럼 사라지고 그들의 기쁨은 영영히 기억되지 못할 것이다. 영혼의 괴로움과 곤고함, 두려움을 모르는 그들의 기쁨은 결코 쉴 곳을 찾지 못할 것이다. 그들은 스스로 '행복'이라고 여기는 것으로 인하여 형벌을 받을 것이다. 이것이 나의 공의와 정의이다. 그들은 지각없이 쾌락을 구하고 따랐으므로 나의 기쁨에 결코 이르지 못할 것이다.

성령님이 감동을 주신 문장에 밑줄을 긋고 깊이 묵상해보세요.

십자가에 못 박는 하루점검

정한 삶의 금식을 행하였나요?

마음과 생각을 지켰나요?

불의한 말과 행동을 금하였나요?

성전인 몸을 의의 병기로 단련했나요?

필사하며 마음판에 말씀 새기기

시 119:71 고난 당한 것이 내게 유익이라 이로 말미암아 내가 주의 율
례들을 배우게 되었나이다.

약 1:2-4 내 형제들아 너희가 여러 가지 시험을 당하거든 온전히 기
쁘게 여기라 이는 너희 믿음의 시련이 인내를 만들어 내는
줄 너희가 앎이라 인내를 온전히 이루라 이는 너희로 온전
하고 구비하여 조금도 부족함이 없게 하려 함이라.

성령님께 묻고 듣고 행하기

성령님, 현재 고난의 불로 정화하시는 제 안과 밖의 불순물은 무엇인가요? 지금의
고난 가운데 주께서 함께 하시는 증거를 찾도록 제 영적 감각을 깨워 주세요.

성령님, 각자가 처한 고난을 나누며 믿음 안에서 함께 이겨나갈 형제자매는 누구
인가요?

오늘 나를 만나주신 하나님은 어떤 분이신지 한 문장으로 고백해보세요.

십자가로 다시 사는 경건훈련

산상수훈 읽기	정한 말씀읽기	정한 기도시간	나의 감사·회개·간구	이웃·교회·나라·열방을 위한 도고
	_____장	_____분		
☐	☐	☐		

세상에서 사랑을 갈구하지 말라

나의 사랑하는 자야, 네가 스스로의 판단으로 벗을 삼거나 그로부터 평안을 구하면 언젠가 크게 흔들리고 말 것이다. 그러나 네가 진리를 사랑하고 행하면 가장 친한 벗이 떠나갈지라도 크게 흔들리거나 한없이 슬퍼하지 않을 것이다. 그러니 벗을 향한 사랑 역시 내 위에 기초를 두어라. 나를 위하여 그를 사랑하여라. 내가 존재하지 않는 우정은 힘이 없고 오래가지 못하며 내게 속하지 않은 사랑은 진실할 수 없으며 순결할 수 없다.

이제 네 삶에 인간적인 교제가 사라지기를 소망하여라. 인간적인 정에 무감각해지기를 기도하여라. 세상의 위로로부터 멀어질수록 너는 내게로 가까이 이끌릴 것이다. 스스로 낮아져 네 자신을 무가치하게 여길수록 나를 향하여 들려질 것이다. 나는 겸손한 마음에 은혜를 부어 주는 자이기에 스스로 선하다 여기는 자는 자기 스스로 은혜를 가로막고 서 있는 것과 같음을 명심하여라.

나의 사랑하는 자야, 네가 피조물에 집착하면 할수록 너는 창조주의 보살핌으로부터 멀어질 것이다. 아무리 작은 것이라도 피조물을 과도하게 아끼거나 중시하면 선으로부터 돌이켜져 결국 타락하고 말 것이다. 네 창조의 목적을 붙들고 스스로 절제하는 방법을 훈련하여라. 그리하면 하늘의 지식에까지 닿을 것이다. 피조물에 대한 사랑을 버리라. 그리하면 은혜가 흘러넘칠 것이다.

성령님이 감동을 주신 문장에 밑줄을 긋고 깊이 묵상해보세요.

십자가에 못 박는 하루점검

정한 삶의 금식을 행하였나요?

불의한 말과 행동을 금하였나요?

마음과 생각을 지켰나요?

성전인 몸을 의의 병기로 단련했나요?

필사하며 마음판에 말씀 새기기

고전 15:19 만일 그리스도 안에서 우리가 바라는 것이 다만 이 세상의 삶뿐이면 모든 사람 가운데 우리가 더욱 불쌍한 자이리라.

약 4:4 간음한 여인들아 세상과 벗된 것이 하나님과 원수 됨을 알지 못하느냐 그런즉 누구든지 세상과 벗이 되고자 하는 자는 스스로 하나님과 원수 되는 것이니라.

성령님께 묻고 듣고 행하기

성령님, 제가 절제하면서 피해야 할 하나님 중심 아닌 만남과 교제는 무엇인가요? 이를 위해 무엇을 결단해야 할까요?

성령님, 제가 창조주 하나님 외에 사랑하고 집착하여 놓지 못하고 있는 것들은 무엇인가요? 오늘 제 눈과 귀, 손과 발이 가장 많이 머문 것은 무엇인가요?

오늘 나를 만나주신 하나님은 어떤 분이신지 한 문장으로 고백해보세요.

십자가로 다시 사는 경건훈련

산상수훈 읽기	정한 말씀읽기	정한 기도시간	나의 감사·회개·간구	이웃·교회·나라·열방을 위한 도고
	장	분		
☐	☐	☐		

영원한 생명을 얻으라

나의 사랑하는 자야, 오직 너희를 위로하는 자는 나 곧 나이니라(사 51:12). 이 땅에서의 수고와 슬픔은 결코 영원하지 않다. 모든 것이 얼마나 순간적이고 보잘것없는가를 보라! 이제 조금 있으면 모든 수고와 근심이 사라질 때가 올 것이다. 그러니 선한 일을 하여라. 나의 포도원을 성실히 돌보아라. 그리하면 상급을 받을 것이다.

말씀을 읽으면서, 찬양하면서, 애통해 하면서, 침묵하면서, 기도하면서 그렇게 네게 주어진 고난을 품고 나아가라. 영원한 생명은 모든 고난을 참고 견딜 만한 충분한 가치가 있지 않느냐? 이제 곧 완전한 평화의 날이 올 것이다. 그날에는 해나 달의 빛이 쓸데없으니 이는 나의 영광이 비치고 어린양이 등불이 될 것이기 때문이다(계 21:23). 그날에 너는 온전한 안식을 누릴 것이다. 더 이상 "이 사망의 몸에서 누가 나를 건져내랴"(롬 7:24)고 한탄하지도, "머무는 것이 내게 화로다 내가 화평을 미워하는 자들과 함께 오래 거주하였도다"(시 120:5-6)라고 울부짖지도 않을 것이다. 죽음은 물러가고 영생을 얻을 것이다. 걱정은 사라지고 기쁨과 거룩한 사귐만 있을 것이다.

이 땅에서 멸시받은 선진들이 하늘에서 면류관을 쓰고 영광 가운데 있는 것을 보게 된다면 그 누구라도 바로 내 앞에 엎드려 복종할 것이다. 이 땅에서의 삶을 누리기보다 나를 위하여 고난 받기를 기뻐할 것이다. 사람들 가운데 무가치한 존재가 되는 것을 유익하게 여길 것이다. 나의 사랑하는 자야, 삶이 외롭고 고단하느냐? 천국을 바라보아라!

성령님이 감동을 주신 문장에 밑줄을 긋고 깊이 묵상해보세요.

십자가에 못 박는 하루점검

정한 삶의 금식을 행하였나요?

불의한 말과 행동을 금하였나요?

마음과 생각을 지켰나요?

성전인 몸을 의의 병기로 단련했나요?

필사하며 마음판에 말씀 새기기

아 7:12 우리가 일찍이 일어나서 포도원으로 가서 포도 움이 돋았
는지, 꽃술이 퍼졌는지, 석류 꽃이 피었는지 보자 거기에서
내가 내 사랑을 네게 주리라.

딤전 6:12 믿음의 선한 싸움을 싸우라 영생을 취하라 이를 위하여 네가
부르심을 받았고 많은 증인 앞에서 선한 증언을 하였도다.

성령님께 묻고 듣고 행하기

성령님, 예수님이 재림하시면 영원한 면류관을 쓰고 빛난 영광 가운데 있을 텐데
왜 저는 여전히 "주 예수여 오시옵소서"라고 고백하지 못하나요?

성령님, 저는 고난을 감당할 힘의 원천을 어디에 두고 있나요? 예수님께서 재림하
시는 그날인가요, 여전히 남아 있는 제 인생의 날들인가요? 온전한 기쁨과 안식이
있는 천국에 소망을 두며 오늘 기쁘게 행할 선한 일은 무엇인가요?

오늘 나를 만나주신 하나님은 어떤 분이신지 한 문장으로 고백해보세요.

십자가로 다시 사는 경건훈련

산상수훈 읽기	정한 말씀읽기	정한 기도시간	나의 감사·회개·간구	이웃·교회·나라·열방을 위한 도고
	장	분		
☐	☐	☐		

세상의 가르침에 주의하라

나의 사랑하는 자야, 사람들의 그럴듯한 말에 넘어가지 말라. 하나님의 나라는 말에 있지 아니하고 오직 능력에 있음이라(고전 4:20). 내 말을 주의하여 들으라. 내 입술의 말은 네 마음에 불을 밝히고 생각을 일깨워 줄 것이다. 통회하는 마음을 주며 너를 위로할 것이다.

학식이 높은 사람처럼 보이려고 지식을 쌓지 말라. 오히려 악한 마음을 억누르는 법을 배우기 위하여 힘쓰라. 그것은 난해한 문제의 답을 아는 것보다 훨씬 더 유익하다. 너는 많은 것들을 읽고 배우지만, 언제나 단 하나의 원칙으로 돌아와야 한다. 너희를 가르치는 이는 바로 나이다!

나는 우둔한 자를 밝히 깨우치며 내게서 가르침을 받는 자마다 지혜를 얻을 것이다. 나의 가르침에는 어떠한 소음도, 어떠한 이견이나 충돌도 없다. 어떠한 야망도, 논쟁으로 인한 혼란도 없다. 모든 천사들의 주인이며 모든 선생의 스승인 내가 모든 이의 삶을 관찰하고 그들의 양심을 꿰뚫어볼 것이다. 그날에 등불을 들고 예루살렘을 두루 찾아가(습 1:12) 어둠에 감춰진 것들을 모두 드러낼 것이다(고전 4:5). 논쟁하는 혀들을 잠잠케 할 것이다.

나의 사랑하는 자야, 나의 가르침은 이러하다. 세상의 썩어질 것을 경멸하고 혐오하라. 영원한 것을 추구하라. 하늘의 것을 갈망하고, 세상 명예로부터 멀어지라. 사람들의 비판을 겸허히 받아들이라. 네 모든 소망을 내게 두라. 나로부터 멀어지게 만드는 어떠한 것도 구하지 말라. 무엇보다 나를 사랑하라. 나를 사랑하는 자는 나와의 친밀함 가운데 진리의 말씀을 듣고 이를 담대히 선포할 것이다.

성령님이 감동을 주신 문장에 밑줄을 긋고 깊이 묵상해보세요.

십자가에 못 박는 하루점검

정한 삶의 금식을 행하였나요?

불의한 말과 행동을 금하였나요?

마음과 생각을 지켰나요?

성전인 몸을 의의 병기로 단련했나요?

필사하며 마음판에 말씀 새기기

시 119:33　여호와여 주의 율례들의 도를 내게 가르치소서 내가 끝까지
　　　　　지키리이다.

시 119:130　주의 말씀을 열면 빛이 비치어 우둔한 사람들을 깨닫게 하
　　　　　나이다.

성령님께 묻고 듣고 행하기

성령님, 제가 현혹되어 있는 세상 사람들의 말과 가르침은 무엇인가요? 오늘 저를
깨우치시는 성령님의 음성을 듣길 원합니다.

성령님, 저를 변화시킨 능력의 말씀을 오늘 누구에게 전하고 어디에서 선포하길
원하시나요?

오늘 나를 만나주신 하나님은 어떤 분이신지 한 문장으로 고백해보세요.

십자가로 다시 사는 경건훈련

산상수훈 읽기	정한 말씀읽기	정한 기도시간	나의 감사·회개·간구	이웃·교회·나라·열방을 위한 도고
	___장	___분		
☐	☐	☐		

연약함을 인정하고 인내하라

나의 사랑하는 자야, 네가 불행한 현실 가운데 인내하며 겸손히 행하는 것이 네가 형통할 때에 헌신하는 것보다 나를 더 기쁘게 한다는 것을 기억하여라.

인간은 아무 어려움 없이 형통하면 얼마든지 용감해질 수 있다. 누군가에게 충고를 해줄 수도, 격려의 말을 해줄 수도 있다. 그러나 예기치 않은 시련을 당하면, 그런 용기나 격려가 아무 소용없음을 깨달을 것이다. 네가 작은 시련 앞에서도 얼마나 나약한 모습을 보였는지 한번 떠올려 보아라. 그러나 믿는 자에게 찾아오는 시련은 구원을 위한 좋은 일이 될 것이다.

비록 시련을 기꺼이 받아들이기 어렵더라도 인내하며 견디어 나가라. 더 이상 참고 싶지 않고 분노가 치밀어 오를지라도 네 자신을 다스리고 내 앞에서 합당치 않은 말을 내뱉지 않도록 주의하라. 고난의 폭풍우는 곧 잠잠케 되고, 네 비탄한 마음도 회복된 은혜로 말미암아 다시 평안해질 것이다. 나는 살아 있는 하나님이다. 나는 나를 신뢰하는 자, 나를 신실하게 찾는 자들을 도와주고 위로해줄 것이다.

나의 사랑하는 자야, 용기를 내어라. 네 약함을 거짓으로 덮지 말고 숨김없이 인정하여라. 하늘의 천사도, 첫 번째 사람 아담도 추락하였는데 너는 얼마나 약하겠느냐? 나는 자신의 약함을 인정하고 나를 의지하는 자들을 구원하여 거룩하게 할 것이다.

성령님이 감동을 주신 문장에 밑줄을 긋고 깊이 묵상해보세요.

십자가에 못 박는 하루점검

정한 삶의 금식을 행하였나요?

마음과 생각을 지켰나요?

불의한 말과 행동을 금하였나요?

성전인 몸을 의의 병기로 단련했나요?

필사하며 마음판에 말씀 새기기

약 1:12　시험을 참는 자는 복이 있나니 이는 시련을 견디어 낸 자가 주께서 자기를 사랑하는 자들에게 약속하신 생명의 면류관을 얻을 것이기 때문이라.

고후 12:9　내 은혜가 네게 족하도다 이는 내 능력이 약한 데서 온전하여짐이라 하신지라 그러므로 도리어 크게 기뻐함으로 나의 여러 약한 것들에 대하여 자랑하리니 이는 그리스도의 능력이 내게 머물게 하려 함이라.

성령님께 묻고 듣고 행하기

성령님, 저는 제가 가진 무엇을 과시하며 살아가고 있나요? 주님의 뜻을 알지 못하면서 너무 쉽게 충고하고 격려하진 않았는지 돌아보게 해주세요.

성령님, 제 연약함을 먼저 주님 앞에 고백하며 꺼내놓길 원합니다. 사람들 앞에서도 제 약함을 솔직히 인정하고 겸손히 도움을 구하게 해주세요.

오늘 나를 만나주신 하나님은 어떤 분이신지 한 문장으로 고백해보세요.

십자가로 다시 사는 경건훈련

산상수훈 읽기	정한 말씀읽기	정한 기도시간	나의 감사·회개·간구	이웃·교회·나라·열방을 위한 도고
	장	분		
☐	☐	☐		

'본성'에서 '은총'으로 나아가라

나의 사랑하는 자야, '본성'과 '은총'을 주의하여 살펴보아라. 이 둘은 분명 다르지만 미묘하게 닮아 영적으로 성숙하지 않으면 분별해내기가 그리 쉽지 않다. 세상 사람들이 선한 말과 선한 행동을 하려고 애쓰지만 그 속에 얼마나 많은 거짓이 내포되어 있는지 너도 잘 알지 않느냐?

본성은 누군가에게 복종하거나 어딘가에 종속되기를 원치 않으나 은총은 나에게 종속되기를 원하며 정복되기를 열망한다. 본성은 자신의 유익을 구하고 사람들에게 무엇을 더 얻어낼 수 있을까를 살피나 은총은 자신에게 유리한 것을 고려하지 않고 사람들에게 유익을 주는 일을 구한다. 본성은 존경받는 것을 즐기나 은총은 모든 영광을 나에게 돌린다. 본성은 수치와 경멸을 두려워하나 은총은 나의 이름을 위하여 미움 받는 것을 기뻐한다. 본성은 안락함과 육신의 쉼을 사랑하나 은총은 나태하지 않고 고된 노동을 기꺼이 한다. 본성은 자기 자신을 위하여 행동하고 대가 없이는 아무것도 하지 않으나 은총은 나를 위하고 나 외에는 어떠한 보상도 바라지 않는다.

나의 사랑하는 자야, 은총은 내가 주는 특별한 하늘의 선물이자 택함 받은 자에게 주어지는 합당한 표식이며 영원한 구원의 보증이다. 땅에서부터 위로 끌어올려 하늘의 것을 사랑하게 만들며 육적인 사람에서 영적인 사람으로 변화시키는 힘이다. 너는 본성을 억제하고 정복할수록 더욱 큰 은총을 받고 그리스도의 형상으로 변화되어 속사람이 새롭게 될 것이다.

성령님이 감동을 주신 문장에 밑줄을 긋고 깊이 묵상해보세요.

십자가에 못 박는 하루점검

정한 삶의 금식을 행하였나요?

불의한 말과 행동을 금하였나요?

마음과 생각을 지켰나요?

성전인 몸을 의의 병기로 단련했나요?

필사하며 마음판에 말씀 새기기

잠 11:27 선을 간절히 구하는 자는 은총을 얻으려니와 악을 더듬어 찾는 자에게는 악이 임하리라.

엡 4:22-24 너희는 유혹의 욕심을 따라 썩어져 가는 구습을 따르는 옛 사람을 벗어 버리고 오직 너희의 심령이 새롭게 되어 하나님을 따라 의와 진리의 거룩함으로 지으심을 받은 새 사람을 입으라.

성령님께 묻고 듣고 행하기

성령님, 순전한 마음으로 주님을 사랑하고 영적인 사람으로 변화되기 위하여 은총을 구합니다. 오늘의 족한 은총을 놓치지 않고 본성대로 살지 않도록 도와주세요.

성령님, 본성과 은총의 특성을 비교할 때, 지금 저는 어느 편에 더 가까운가요? "주여 주여" 하면서 세상적 유익이 없는 '은총'을 회피하진 않는지 제 진심을 살피게 해주세요.

오늘 나를 만나주신 하나님은 어떤 분이신지 한 문장으로 고백해보세요.

십자가로 다시 사는 경건훈련

산상수훈 읽기	정한 말씀읽기	정한 기도시간	나의 감사·회개·간구	이웃·교회·나라·열방을 위한 도고
	장	분		
☐	☐	☐		

가난한 자여, 겸손한 자여 기뻐하라

나의 사랑하는 자야, 누가 더 거룩하고 천국에서 크냐와 같은 궁금증이 내 앞에서 스스로 겸비해지거나 내 이름을 높이지 못한다면 그것이 무슨 가치가 있겠느냐? 누가 크고 작은가에 대하여 논하기보다 오히려 네 자신이 얼마나 큰 죄인인지, 얼마나 선을 행하지 않고 살아가는지 돌아보아라. 그리고 내가 기뻐하는 일을 하기 위하여 힘쓰라.

많은 사람들이 '내가 하나님 나라에 꼴등으로라도 들어갈 수 있을까'를 고민하기보다 '천국에서 누가 더 큰가'를 더 궁금해 하는구나. 그러나 나의 나라에서는 가장 작은 것조차도 귀히 여김을 받는다. 모두가 나의 자녀로 부름 받았기 때문이다. 제자들이 "천국에서는 누가 크니이까?"라고 물었을 때, 내가 어떻게 대답하였는지 기억하라.

"너희가 돌이켜 어린아이들과 같이 되지 아니하면 결단코 천국에 들어가지 못하리라 그러므로 누구든지 이 어린아이와 같이 자기를 낮추는 사람이 천국에서 큰 자니라"(마 18:3-4).

나의 사랑하는 자야, 어린아이와 같이 낮아지는 것을 경멸하는 자에게는 화가 있을 것이다. 천국의 가장 낮은 문조차도 그들이 통과하는 것을 허락하지 않을 것이다. 세상의 부요함으로 위로를 삼는 자에게도 화가 있을 것이다. 그들은 경건한 가난한 자들이 천국에 들어갈 때, 문 밖에 서서 슬피 울 것이다. 겸손한 자여, 기뻐하라! 가난한 자여, 크게 기뻐하라! 천국은 진리 안에 살아가는 너희들의 것이다.

성령님이 감동을 주신 문장에 밑줄을 긋고 깊이 묵상해보세요.

           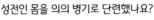

필사하며 마음판에 말씀 새기기

마 4:17   회개하라 천국이 가까이 왔느니라.

마 23:11   너희 중에 큰 자는 너희를 섬기는 자가 되어야 하리라.

성령님께 묻고 듣고 행하기

성령님, 지금의 저를 향하여 주님께서 기뻐하실 일은 무엇인가요? 제가 그 일을
행할 수 있도록 도와주세요.

성령님, 저보다 나중 된 자이지만 제가 오히려 마음을 낮추고 본받을 지체는 누구
인가요? 제가 그에게서 무엇을 배우길 원하시나요?

오늘 나를 만나주신 하나님은 어떤 분이신지 한 문장으로 고백해보세요.

십자가로 다시 사는 경건훈련

산상수훈 읽기	정한 말씀읽기	정한 기도시간	나의 감사·회개·간구	이웃·교회·나라·열방을 위한 도고
	장	분		
☐	☐	☐		

나는 부활이요 생명이니
나를 믿는 자는 죽어도 살겠고 무릇
살아서 나를 믿는 자는 영원히 죽지 아니하리니
이것을 네가 믿느냐

요한복음 11:25-26

고난주간 특별묵상

그리스도의 십자가, 오 나의 십자가

GATE

4

십자가, 나는 아무 공로 없습니다

나의 사랑하는 주님, 제가 무엇이기에 저를 찾아와 주시고 이 더러운 죄인을 위하여 자신을 내어주셨나요? 어찌 이 죄인 앞에서 자신을 낮추시고 죽기까지 복종하셨나요? 제 안에 선한 것이 없다는 것을 아시면서 어찌 이 모든 일을 사랑으로 행하셨나요?

십자가 앞에서 제 무가치함을 인정하며 주님의 선하심을 노래합니다. 주님의 인자하심과 영원하신 사랑을 찬양하며 감사드립니다. 제 공로는 아무것도 없습니다. 오직 주의 은혜입니다.

이제 저는 주의 선하심과 크신 사랑을 깊이 새기며 그 겸손하신 모습을 따르리라 결단합니다. 주님께 기쁨이 되고 주님으로 인하여 기뻐하길 갈망합니다. 부디 제 죄가 주께로 나아가는 길을 가로막지 않도록 도와주소서!

지극히 인자하시고 자비로우신 주님, 그 어떠한 경배와 감사, 끝없는 찬양으로도 우리를 위하여 십자가에서 자신의 몸을 내어주신 일을 표현할 길이 없습니다. 주님의 사랑을 어찌 인간의 언어로 표현할 수 있을까요! 제가 그 어떠한 경배를 드리더라도 주의 은혜에 미치지 못할 것을 알지만, 그럼에도 여전히 주님을 찬양하며 주의 영원하심을 송축하길 원합니다! 나의 구세주를 맞이하길 원합니다.

성령님이 감동을 주신 문장에 밑줄을 긋고 깊이 묵상해보세요.

십자가에 못 박는 하루점검

정한 삶의 금식을 행하였나요?

1 2 3 4 5

불의한 말과 행동을 금하였나요?

1 2 3 4 5

마음과 생각을 지켰나요?

1 2 3 4 5

성전인 몸을 의의 병기로 단련했나요?

1 2 3 4 5

필사하며 마음판에 말씀 새기기

빌 2:8 　사람의 모양으로 나타나사 자기를 낮추시고 죽기까지 복종
하셨으니 곧 십자가에 죽으심이라.

롬 5:8 　우리가 아직 죄인 되었을 때에 그리스도께서 우리를 위하
여 죽으심으로 하나님께서 우리에 대한 자기의 사랑을 확증
하셨느니라.

성령님께 묻고 듣고 행하기

성령님, 자격 없는 저를 구원해주신 예수님의 십자가 은혜를 깊이 묵상하길 원합
니다. 오늘 어떤 찬양과 성경말씀을 종일 읊조리며 그 사랑을 기억할까요? 펜을
들어 나의 언어로 예수님을 찬양하는 문장을 적게 해주세요.

성령님, 주님보다 제 자신을 앞세워 제 공적을 드러내거나 자랑한 일은 무엇인가
요? 비천한 저를 구원해주신 은혜를 망각하고 높아진 마음은 무엇이고, 제가 겸손
히 내려가야 할 곳은 어디인가요?

오늘 나를 만나주신 하나님을 한 명 이상에게 증거하세요.

십자가로 다시 사는 경건훈련

산상수훈 읽기	정한 말씀읽기	정한 기도시간	나의 감사·회개·간구	이웃·교회·나라·열방을 위한 도고
	장	분		
☐	☐	☐		

십자가 앞에서 진실하라

나의 사랑하는 자야, 너를 비탄에 빠지게 하는 죄, 일상에서 매일 짓는 죄에 대하여 통곡하라. 시시로 십자가 앞으로 나아와 네가 정욕에 이끌려 지은 모든 은밀한 죄를 자백하라.

그러나 너는 여전히 세속적이고 본능대로 행동하며 성급하구나. 절제하지 못하고 욕망에 차 있으며 감정대로 행동하고 헛된 공상을 하는구나. 겉사람에 집착하면서 속사람에 대해서는 무관심하구나. 쉽게 방탕에 빠지고 참회와 눈물을 멀리하는구나. 절제와 금욕에는 관심이 없고 안락과 쾌락만을 탐하는구나. 자극적인 소식과 화려한 것을 구하나 십자가의 수치는 피하는구나. 소유하길 원하나 나눔에는 인색하구나. 함부로 말하고 침묵을 싫어하며 인격을 다듬지 않고 경솔히 행동하는구나. 음식을 탐하고 진리의 말씀에 귀를 막으며 허망한 대화를 좋아하는구나. 노를 쉽게 발하고 다른 사람들의 결점을 찾아내길 좋아하는구나. 쉽게 판단하고 거칠게 정죄하며 만사가 잘되어야만 기뻐하고 일이 뜻대로 안되면 무기력해지는구나. 내 이름으로 결단한 선한 일을 생각만 하고 행동으로 옮기지 않는구나.

나의 사랑하는 자야, 이 모든 것을 행하는 네 자신에 대하여 슬퍼하고 애곡하라. 십자가 앞에서 진실하라, 회개하라! 네 자신에게 실망하라. 그제야 비로소 네 삶은 단단해지고 선을 향하여 나아갈 것이다. 내게로 와서 용서와 은총을 구하라. 그리하면 네 죄를 모두 용서하고 더 이상 기억하지 아니할 것이다. 나의 삶을 두고 맹세하노니 나는 악인이 죽는 것을 기뻐하지 아니하고 악인이 그의 길에서 돌이켜 떠나 사는 것을 기뻐하노라(겔 33:11).

성령님이 감동을 주신 문장에 밑줄을 긋고 깊이 묵상해보세요.

십자가에 못 박는 하루점검

정한 삶의 금식을 행하였나요?

(1) (2) (3) (4) (5)

불의한 말과 행동을 금하였나요?

(1) (2) (3) (4) (5)

마음과 생각을 지켰나요?

(1) (2) (3) (4) (5)

성전인 몸을 의의 병기로 단련했나요?

(1) (2) (3) (4) (5)

필사하며 마음판에 말씀 새기기

롬 13:14 오직 주 예수 그리스도로 옷 입고 정욕을 위하여 육신의 일을 도모하지 말라.

계 3:19 무릇 내가 사랑하는 자를 책망하여 징계하노니 그러므로 네가 열심을 내라 회개하라.

성령님께 묻고 듣고 행하기

성령님, 강건해질 속사람이 아닌 후패할 겉사람에만 집중하여 마음과 힘을 쏟고 있는 부분은 무엇인가요? 십자가 앞에서 세속적인 제 자신을 위하여 가슴을 치며 회개하게 해주세요.

성령님, 죄를 자백하면 용서해주실 뿐 아니라 동이 서에게 먼 것같이 멀리 옮기실 텐데 제가 홀로 죄에 묶여 자책하며 스스로를 괴롭히고 있는 죄악은 무엇인가요? 십자가에 못 박아야 할 육체의 정욕과 탐심은 무엇인가요?

만나는 사람들에게 친절을 베풀고 거짓 없이 진실하게 대하세요.

십자가로 다시 사는 경건훈련

산상수훈 읽기	정한 말씀읽기	정한 기도시간	나의 감사·회개·간구	이웃·교회·나라·열방을 위한 도고
	장	분		
☐	☐	☐		

주여, 나를 용서하소서

나의 사랑하는 주님, 제가 엎드려 죄를 참회하며 주의 자비를 끊임없이 구하는 것 외에 무엇을 더 할 수 있겠습니까? 제 죄에 대하여 스스로 분노하며 죄를 미워하겠노라 다짐합니다. 살아 있는 동안, 제가 지은 모든 죄에 대하여 슬퍼하고 또 슬퍼하겠습니다.

주여, 나를 용서하소서! 주의 거룩한 이름을 위하여 나를 용서하여 주소서. 주의 보혈로 속량하신 이 불쌍한 영혼을 구원하여 주소서. 주의 영원하신 사랑에 제 영혼을 의탁하오니 제 모든 죄와 불법으로 저를 대하지 마시고 주의 선하심으로 대하여 주소서. 제 모든 것을 주께 드리오니 부디 받아 주시고 순결하고 거룩하게 변화시켜 주소서. 주님의 기쁨이 되게 하여 주시고, 주의 기준에 합당한 자로 온전하게 하여 주소서. 이 게으르고 쓸모없는 자를 선대하사 축복의 자리로 인도하여 주소서.

나의 사랑하는 주님, 의도적으로든 그렇지 않든 제게 상처를 준 사람, 저를 슬프게 하고 비방한 사람, 손해를 입히고 고통을 준 사람, 그리고 반대로 제가 말이나 행동으로 불안하게 만든 사람, 상처와 고통을 준 사람을 위하여 기도하며 주 앞에 속죄의 제물을 바칩니다. 주여, 저희 모든 죄와 불법을 사하여 주소서. 모든 죄성, 분노, 복수심, 논쟁, 상처 주고 사랑하지 못하게 하는 모든 것으로부터 떠나게 하여 주소서. 주의 자비를 구하는 모든 자에게 은총을 베풀어 주소서. 주의 선하심을 기뻐하고 주의 구원을 받기에 합당한 삶을 살아가게 하소서.

성령님이 감동을 주신 문장에 밑줄을 긋고 깊이 묵상해보세요.

십자가에 못 박는 하루점검

정한 삶의 금식을 행하였나요?

① ② ③ ④ ⑤

불의한 말과 행동을 금하였나요?

① ② ③ ④ ⑤

마음과 생각을 지켰나요?

① ② ③ ④ ⑤

성전인 몸을 의의 병기로 단련했나요?

① ② ③ ④ ⑤

필사하며 마음판에 말씀 새기기

행 3:19 그러므로 너희가 회개하고 돌이켜 너희 죄 없이 함을 받으라 이같이 하면 새롭게 되는 날이 주 앞으로부터 이를 것이요.

골 3:13 누가 누구에게 불만이 있거든 서로 용납하여 피차 용서하되 주께서 너희를 용서하신 것 같이 너희도 그리하고.

성령님께 묻고 듣고 행하기

성령님, 예수님이 십자가에서 흘리신 보혈로 죄 사함을 받고 성결해져야 할 제 불의함과 부정함, 불법과 불신은 무엇인가요?

성령님, 애통한 마음으로 자복하고 회개해야 할 율법 아래에 있는 제 모습은 무엇인가요? 형식적이고 외식적인 모습, 은혜 없는 행위만을 강조한 것은 무엇인가요?

용서하고 용서받아야 할 사람이 있다면 그를 위해 기도하며 용서하고 용서를 구하세요.

십자가로 다시 사는 경건훈련

산상수훈 읽기	정한 말씀읽기	정한 기도시간	나의 감사·회개·간구	이웃·교회·나라·열방을 위한 도고
	장	분		
☐	☐	☐		

거룩한 산 제물로 드리라

나의 사랑하는 자야, 내 손은 못 박혀 십자가 위에 펼쳐져 있었고 내 몸은 발가벗겨져 있었다. 나는 너를 구원하기 위하여 내 자신을 아버지께 온전히 드렸다. 이제 너도 이와 같이 온 힘과 정성을 다하여 네 몸을 거룩한 산 제물로 드리라. 그것이 내가 진정으로 원하며 기뻐하는 것이다. 나는 그것 외에는 아무 관심이 없다.

나는 네가 바치는 제물이 아닌 '너'를 원한다. 네가 모든 것을 소유했을지라도 나 없이는 만족할 수 없듯, 나도 네가 아니면 무엇을 준다 해도 기쁘지 않다. 그러니 먼저 네 자신을 온전히 바치라. 그리하면 네가 드리는 모든 제물을 받을 것이다. 보라, 나는 너를 위하여 나 자신을 온전히 바쳤나니 나는 영원히 네 것이며 너는 영원히 내 것이다!

만약 네가 스스로를 의지하고 네 자유의지를 내게 귀속시키지 않으면, 네가 어떠한 헌신을 하더라도 우리의 연합은 불완전할 것이다. 온전한 자유와 은총을 누리길 원하느냐? 네 모든 행동에 앞서 네 자신을 온전히 바치라. 많은 사람들이 자유하지 못하고 깨닫지 못하는 이유가 바로 여기에 있다. 그들은 아직 자기 자신을 어떻게 포기해야 하는지 모르고, 또한 원치 않는다.

나의 사랑하는 자야, 나를 따르길 원하느냐? 네 자신을 거룩한 산 제물로 드리라!

성령님이 감동을 주신 문장에 밑줄을 긋고 깊이 묵상해보세요.

십자가에 못 박는 하루점검

정한 삶의 금식을 행하였나요?

1 **2** **3** **4** **5**

불의한 말과 행동을 금하였나요?

1 **2** **3** **4** **5**

마음과 생각을 지켰나요?

1 **2** **3** **4** **5**

성전인 몸을 의의 병기로 단련했나요?

1 **2** **3** **4** **5**

필사하며 마음판에 말씀 새기기

막 10:21 네게 아직도 한 가지 부족한 것이 있으니 가서 네게 있는 것을 다 팔아 가난한 자들에게 주라 그리하면 하늘에서 보화가 네게 있으리라 그리고 와서 나를 따르라.

롬 12:1 너희 몸을 하나님이 기뻐하시는 거룩한 산 제물로 드리라 이는 너희가 드릴 영적 예배니라.

성령님께 묻고 듣고 행하기

성령님, 예수님을 따르기 위해 진심으로 항복해야 할 제 자아와 온전히 포기해야 할 소유는 무엇인가요?

성령님, 왜 저는 거룩하신 주님과 연합하지 못하고 있나요? 자신을 온전히 바쳐 희생하신 예수님과 연합하기 위해 제가 헌신하고 희생해야 할 일은 무엇인가요?

말과 혀로가 아닌 행함과 진실함으로 가족과 이웃을 사랑하고 섬기세요.

십자가로 다시 사는 경건훈련

산상수훈 읽기	정한 말씀읽기	정한 기도시간	나의 감사·회개·간구	이웃·교회·나라·열방을 위한 도고
	장	분		
☐	☐	☐		

십자가를 지고 주를 따르십시오

"저주를 받은 자들아, 나를 떠나 마귀와 그 사자들을 위하여 예비 된 영원한 불에 들어가라"(마 25:41). 당신은 이 심판의 말씀이 어떻게 들립니까? 다음 말씀은 어떻습니까? "누구든지 나를 따라오려거든 자기를 부인하고 자기 십자가를 지고 나를 따를 것이니라"(마 16:24). 이 말씀이 당신에게 무겁게 다가오진 않습니까?

자기를 부인하고 자기 십자가를 지고 그리스도를 따르는 사람은 영원한 형벌을 두려워할 필요가 없습니다. 오히려 그에게 새겨진 십자가는 심판 날에 천국의 증표가 될 것입니다. 그런데 왜 당신은 천국으로 가는 길인 십자가를 두려워합니까? 십자가는 구원이며 생명입니다. 모든 원수로부터 우리를 보호해주고 천국을 맛보게 해줍니다. 우리를 담대하게 해줍니다. 십자가 없는 영원한 소망을 가진 삶이란 불가능합니다. 바로 지금 십자가를 취하십시오. 예수 그리스도를 따르십시오. 영원한 생명을 얻을 것입니다.

그리스도는 십자가에 달려 돌아가심으로 영생으로 가는 길을 열어 주셨습니다. 이제 당신도 그리스도를 본받아 당신의 십자가를 지고 십자가에서 죽으십시오. 그리스도와 함께 죽으면 그분과 함께 살 것입니다. 그리스도의 고난에 동참하면 그분과 함께 영광을 누릴 것입니다.

십자가는 모든 것입니다. 당신은 죽기까지 그것을 의지해야 합니다. 십자가의 좁은 길 외에 참된 평화로 가는 길은 없습니다. 만약 당신이 원하는 대로, 뜻하는 대로만 간다면 그 길은 아무리 안전하고 넓어 보여도 영생으로 인도하지 못할 것입니다.

성령님이 감동을 주신 문장에 밑줄을 긋고 깊이 묵상해보세요.

십자가에 못 박는 하루점검

정한 삶의 금식을 행하였나요?	불의한 말과 행동을 금하였나요?
1 2 3 4 5	1 2 3 4 5

마음과 생각을 지켰나요?	성전인 몸을 의의 병기로 단련했나요?
1 2 3 4 5	1 2 3 4 5

필사하며 마음판에 말씀 새기기

마 7:13-14　좁은 문으로 들어가라 멸망으로 인도하는 문은 크고 그 길
이 넓어 그리로 들어가는 자가 많고 생명으로 인도하는 문
은 좁고 길이 협착하여 찾는 자가 적음이라.

마 16:24　누구든지 나를 따라오려거든 자기를 부인하고 자기 십자가
를 지고 나를 따를 것이니라.

성령님께 묻고 듣고 행하기

성령님, 지금까지 외면해왔던 고통스럽지만 기뻐할 수 있는 나의 십자가, 무겁지
만 가볍게 짊어질 나의 십자가는 무엇인가요? 짊어지면 누군가를 살릴 수 있는 나
의 십자가는 무엇인가요?

성령님, 오늘 하루 제가 사는 것이 아닌 오직 제 안에 그리스도께서 사시는 삶을
구체적이고 실제적으로 살아가도록 가르쳐 주세요.

지금까지 기록한 기도제목들을 돌아보면서 감사하는 시간을 가지세요.

십자가로 다시 사는 경건훈련

산상수훈 읽기	정한 말씀읽기	정한 기도시간	나의 감사·회개·간구	이웃·교회·나라·열방을 위한 도고
	장	분		

십자가를 죽기까지 사랑하십시오

"그리스도가 이런 고난을 받고 자기의 영광에 들어가야 할 것이 아니냐"(눅 24:26). 그리스도의 생애는 십자가의 고난과 죽음이었습니다. 그런데도 여전히 당신은 안락과 향락만을 바라겠습니까? 고난을 원하지 않는다면 이는 스스로를 속이는 것입니다. 인간은 고통으로 가득 찬 죽을 수밖에 없는 인생을 살아가기에 어디서든 십자가를 만나기 때문입니다.

영적으로 더 성숙해지길 원하십니까? 그렇다면 더욱 무거운 십자가를 지고 가십시오. 그리스도를 향한 사랑이 깊어질수록 나그네 삶의 고통은 커지겠지만 반드시 소망이 있습니다. 십자가를 따르길 열망할수록 시련과 곤경이 끊이지 않겠지만 반드시 더욱 강해질 것입니다. 십자가의 삶에는 반드시 상급이 있으니 고난 없는 삶을 구하지 말고 십자가를 사랑하는 법을 배우십시오. 당신의 몸을 쳐서 그리스도께 복종시키십시오.

이 땅에서 천국을 기대하는 것은 성도가 걸어가야 할 좁은 길이 아닙니다. 오직 주만 바라보며 나아가십시오. 그리하면 하늘로부터 오는 능력으로 이 세상과 당신 자신을 다스릴 수 있을 것입니다. 믿음과 그리스도의 십자가로 무장되어 더 이상 대적을 두려워하지 않을 것입니다. 그러니 주님을 향한 사랑 외에 다른 모든 것은 십자가에 못 박으십시오.

주님의 사람은 어디에 있든 어디에 숨든 십자가를 피할 수 없습니다. 십자가를 지고 십자가를 사랑하십시오. 이제는 최종 결정을 내려야 할 때입니다. "나는 천국에 가기 위하여 십자가를 지고 고난을 마주하겠습니다!"

성령님이 감동을 주신 문장에 밑줄을 긋고 깊이 묵상해보세요.

십자가에 못 박는 하루점검

정한 삶의 금식을 행하였나요?					불의한 말과 행동을 금하였나요?				
1	2	3	4	5	1	2	3	4	5

마음과 생각을 지켰나요?					성전인 몸을 의의 병기로 단련했나요?				
1	2	3	4	5	1	2	3	4	5

필사하며 마음판에 말씀 새기기

롬 8:17-18 자녀이면 또한 상속자 곧 하나님의 상속자요 그리스도와 함께 한 상속자니 우리가 그와 함께 영광을 받기 위하여 고난도 함께 받아야 할 것이니라 생각하건대 현재의 고난은 장차 우리에게 나타날 영광과 비교할 수 없도다.

고전 9:27 내가 내 몸을 쳐 복종하게 함은 내가 남에게 전파한 후에 자신이 도리어 버림을 당할까 두려워함이로다.

성령님께 묻고 듣고 행하기

성령님, 십자가의 권능 아래에서 제 자아를 쳐 주께 복종시킬 부분은 무엇인가요? 십자가 권능을 힘입어 십자가를 지고 도전할 새로운 일은 무엇인가요?

성령님, 제 고난이 누군가에게 위로와 힘, 성령 안에서의 교통이 될 수 있다면 오늘 누구에게 제 고난의 삶을 나누어야 할까요?

경건훈련을 시작하기 전과 후가 어떻게 달라졌는지 적어 보세요.

십자가로 다시 사는 경건훈련

산상수훈 읽기	정한 말씀읽기	정한 기도시간	나의 감사·회개·간구	이웃·교회·나라·열방을 위한 도고
	장	분		

내 영혼아 찬양하라

나의 사랑하는 주님, 주 앞에 엎드려 간절히 구하오니 제가 이 세상 누구보다 주를 가장 뜨겁게 사랑하게 하소서. 그럴 만한 자격이 없을지라도 맹렬히 불타는 사랑을 가진 단 한 사람처럼 온 맘 다해 주를 사랑하게 하소서. 제 자신을 자원하여 드리오니 저를 받아 주시고 부디 제 자신을 위해서는 아무것도 남겨 두지 마소서.

하늘과 땅에 있는 모든 피조물이 올려 드리는 찬양을 주께 바칩니다. 측량할 수 없는 주의 위대하심을 찬양하는 것은 지극히 마땅한 일입니다. 오직 주님만이 모든 찬양과 영원한 영광을 받으시기에 합당한 분이십니다. 저는 모든 신실한 성도들과 함께 감사와 찬양을 올려 드릴 수 있도록 사랑과 기도하는 마음으로 그들에게 청할 것입니다.

나의 사랑하는 주님, 모든 백성과 나라, 모든 언어가 주를 찬양하게 하소서. 큰 기쁨과 불타오르는 헌신으로 주의 영원하신 사랑과 거룩하신 이름을 노래하게 하소서. 그때에 경건한 모든 성도가 주를 송축하며 굳센 믿음을 가질 것입니다. 주의 인자하심과 자비하심을 경험하고 죄인을 위하여 눈물로 기도할 것입니다.

내 영혼아, 찬양하라, 기뻐하라! 눈물 골짜기를 지날 때에 은총과 위로를 내려주시는 주께 감사하라! 십자가 구속의 역사에 동참하고 그분이 행하신 일을 전파하라! 주의 사랑은 결코 끊어지지 않으며 그분의 자비는 영원하다!

성령님이 감동을 주신 문장에 밑줄을 긋고 깊이 묵상해보세요.

십자가에 못 박는 하루점검

정한 삶의 금식을 행하였나요?

1 2 3 4 5

불의한 말과 행동을 금하였나요?

1 2 3 4 5

마음과 생각을 지켰나요?

1 2 3 4 5

성전인 몸을 의의 병기로 단련했나요?

1 2 3 4 5

필사하며 마음판에 말씀 새기기

시 103:1 내 영혼아 여호와를 송축하라 내 속에 있는 것들아 다 그의
거룩한 이름을 송축하라.

요일 4:10 사랑은 여기 있으니 우리가 하나님을 사랑한 것이 아니요
하나님이 우리를 사랑하사 우리 죄를 속하기 위하여 화목
제물로 그 아들을 보내셨음이라.

성령님께 묻고 듣고 행하기

성령님, 오늘 제가 만나는 사람들이나 아직 예수님을 모르는 사람들에게 주님이
행하신 일, 복음을 전할 수 있도록 인도해주세요.

성령님, 40일간의 경건훈련을 마치고 부활절을 맞게 해주셔서 감사합니다. 주님
께서 다시 오실 그날까지 경건훈련을 게을리 하지 않고 좁은 길을 걸어가도록 은
총을 베풀어 주세요.

마음에 떠오르는 사람을 찾아가 작은 선물과 함께 부활의 기쁨을 나누세요.

십자가로 다시 사는 경건훈련

산상수훈 읽기	정한 말씀읽기	정한 기도시간	나의 감사·회개·간구	이웃·교회·나라·열방을 위한 도고
	장	분		
☐	☐	☐		

12 그러므로 무엇이든지 남에게 대접을 받고자 하는 대로 너희도 남을 대접하라 이것이 율법이요 선지자니라

13 좁은 문으로 들어가라 멸망으로 인도하는 문은 크고 그 길이 넓어 그리로 들어가는 자가 많고

14 생명으로 인도하는 문은 좁고 길이 협착하여 찾는 자가 적음이라

15 거짓 선지자들을 삼가라 양의 옷을 입고 너희에게 나아오나 속에는 노략질하는 이리라

16 그들의 열매로 그들을 알지니 가시나무에서 포도를, 또는 엉겅퀴에서 무화과를 따겠느냐

17 이와 같이 좋은 나무마다 아름다운 열매를 맺고 못된 나무가 나쁜 열매를 맺나니

18 좋은 나무가 나쁜 열매를 맺을 수 없고 못된 나무가 아름다운 열매를 맺을 수 없느니라

19 아름다운 열매를 맺지 아니하는 나무마다 찍혀 불에 던져지느니라

20 이러므로 그들의 열매로 그들을 알리라

21 나더러 주여 주여 하는 자마다 다 천국에 들어갈 것이 아니요 다만 하늘에 계신 내 아버지의 뜻대로 행하는 자라야 들어가리라

22 그날에 많은 사람이 나더러 이르되 주여 주여 우리가 주의 이름으로 선지자 노릇 하며 주의 이름으로 귀신을 쫓아 내며 주의 이름으로 많은 권능을 행하지 아니하였나이까 하리니

23 그 때에 내가 그들에게 밝히 말하되 내가 너희를 도무지 알지 못하니 불법을 행하는 자들아 내게서 떠나가라 하리라

24 그러므로 누구든지 나의 이 말을 듣고 행하는 자는 그 집을 반석 위에 지은 지혜로운 사람 같으리니

25 비가 내리고 창수가 나고 바람이 불어 그 집에 부딪치되 무너지지 아니하나니 이는 주추를 반석 위에 놓은 까닭이요

26 나의 이 말을 듣고 행하지 아니하는 자는 그 집을 모래 위에 지은 어리석은 사람 같으리니

27 비가 내리고 창수가 나고 바람이 불어 그 집에 부딪치매 무너져 그 무너짐이 심하니라

28 예수께서 이 말씀을 마치시매 무리들이 그의 가르치심에 놀라니

29 이는 그 가르치시는 것이 권위 있는 자와 같고 그들의 서기관들과 같지 아니함일러라

하느냐 들의 백합화가 어떻게 자라는가 생각하여 보라 수고도 아니하고 길쌈도 아니하느니라

29 그러나 내가 너희에게 말하노니 솔로몬의 모든 영광으로도 입은 것이 이 꽃 하나만 같지 못하였느니라

30 오늘 있다가 내일 아궁이에 던져지는 들풀도 하나님이 이렇게 입히시거든 하물며 너희일까보냐 믿음이 작은 자들아

31 그러므로 염려하여 이르기를 무엇을 먹을까 무엇을 마실까 무엇을 입을까 하지 말라

32 이는 다 이방인들이 구하는 것이라 너희 하늘 아버지께서 이 모든 것이 너희에게 있어야 할 줄을 아시느니라

33 그런즉 너희는 먼저 그의 나라와 그의 의를 구하라 그리하면 이 모든 것을 너희에게 더하시리라

34 그러므로 내일 일을 위하여 염려하지 말라 내일 일은 내일이 염려할 것이요 한 날의 괴로움은 그 날로 족하니라

마태복음 7장

1 비판을 받지 아니하려거든 비판하지 말라

2 너희가 비판하는 그 비판으로 너희가 비판을 받을 것이요 너희가 헤아리는 그 헤아림으로 너희가 헤아림을 받을 것이니라

3 어찌하여 형제의 눈 속에 있는 티는 보고 네 눈 속에 있는 들보는 깨닫지 못하느냐

4 보라 네 눈 속에 들보가 있는데 어찌하여 형제에게 말하기를 나로 네 눈 속에 있는 티를 빼게 하라 하겠느냐

5 외식하는 자여 먼저 네 눈 속에서 들보를 빼어라 그 후에야 밝히 보고 형제의 눈 속에서 티를 빼리라

6 거룩한 것을 개에게 주지 말며 너희 진주를 돼지 앞에 던지지 말라 그들이 그것을 발로 밟고 돌이켜 너희를 찢어 상하게 할까 염려하라

7 구하라 그리하면 너희에게 주실 것이요 찾으라 그리하면 찾아낼 것이요 문을 두드리라 그리하면 너희에게 열릴 것이니

8 구하는 이마다 받을 것이요 찾는 이는 찾아낼 것이요 두드리는 이에게는 열릴 것이니라

9 너희 중에 누가 아들이 떡을 달라 하는데 돌을 주며

10 생선을 달라 하는데 뱀을 줄 사람이 있겠느냐

11 너희가 악한 자라도 좋은 것으로 자식에게 줄 줄 알거든 하물며 하늘에 계신 너희 아버지께서 구하는 자에게 좋은 것으로 주시지 않겠느냐

10 나라가 임하시오며 뜻이 하늘에서 이루어진 것 같이 땅에서도 이루어지이다

11 오늘 우리에게 일용할 양식을 주시옵고

12 우리가 우리에게 죄 지은 자를 사하여 준 것 같이 우리 죄를 사하여 주시옵고

13 우리를 시험에 들게 하지 마시옵고 다만 악에서 구하시옵소서 (나라와 권세와 영광이 아버지께 영원히 있사옵나이다 아멘)

14 너희가 사람의 잘못을 용서하면 너희 하늘 아버지께서도 너희 잘못을 용서하시려니와

15 너희가 사람의 잘못을 용서하지 아니하면 너희 아버지께서도 너희 잘못을 용서하지 아니하시리라

16 금식할 때에 너희는 외식하는 자들과 같이 슬픈 기색을 보이지 말라 그들은 금식하는 것을 사람에게 보이려고 얼굴을 흉하게 하느니라 내가 진실로 너희에게 이르노니 그들은 자기 상을 이미 받았느니라

17 너는 금식할 때에 머리에 기름을 바르고 얼굴을 씻으라

18 이는 금식하는 자로 사람에게 보이지 않고 오직 은밀한 중에 계신 네 아버지께 보이게 하려 함이라 은밀한 중에 보시는 네 아버지께서 갚으시리라

19 너희를 위하여 보물을 땅에 쌓아 두지 말라 거기는 좀과 동록이 해하며 도둑이 구멍을 뚫고 도둑질하느니라

20 오직 너희를 위하여 보물을 하늘에 쌓아 두라 거기는 좀이나 동록이 해하지 못하며 도둑이 구멍을 뚫지도 못하고 도둑질도 못하느니라

21 네 보물 있는 그곳에는 네 마음도 있느니라

22 눈은 몸의 등불이니 그러므로 네 눈이 성하면 온몸이 밝을 것이요

23 눈이 나쁘면 온몸이 어두울 것이니 그러므로 네게 있는 빛이 어두우면 그 어둠이 얼마나 더하겠느냐

24 한 사람이 두 주인을 섬기지 못할 것이니 혹 이를 미워하고 저를 사랑하거나 혹 이를 중히 여기고 저를 경히 여김이라 너희가 하나님과 재물을 겸하여 섬기지 못하느니라

25 그러므로 내가 너희에게 이르노니 목숨을 위하여 무엇을 먹을까 무엇을 마실까 몸을 위하여 무엇을 입을까 염려하지 말라 목숨이 음식보다 중하지 아니하며 몸이 의복보다 중하지 아니하냐

26 공중의 새를 보라 심지도 않고 거두지도 않고 창고에 모아들이지도 아니하되 너희 하늘 아버지께서 기르시나니 너희는 이것들보다 귀하지 아니하냐

27 너희 중에 누가 염려함으로 그 키를 한 자라도 더할 수 있겠느냐

28 또 너희가 어찌 의복을 위하여 염려

게 하거든 그 사람과 십 리를 동행
하고

42 네게 구하는 자에게 주며 네게 꾸고
자 하는 자에게 거절하지 말라

43 또 네 이웃을 사랑하고 네 원수를 미
워하라 하였다는 것을 너희가 들었
으나

44 나는 너희에게 이르노니 너희 원수
를 사랑하며 너희를 박해하는 자를
위하여 기도하라

45 이같이 한즉 하늘에 계신 너희 아버
지의 아들이 되리니 이는 하나님이

그 해를 악인과 선인에게 비추시며
비를 의로운 자와 불의한 자에게 내
려주심이라

46 너희가 너희를 사랑하는 자를 사랑
하면 무슨 상이 있으리요 세리도 이
같이 아니하느냐

47 또 너희가 너희 형제에게만 문안하
면 남보다 더하는 것이 무엇이냐 이
방인들도 이같이 아니하느냐

48 그러므로 하늘에 계신 너희 아버지
의 온전하심과 같이 너희도 온전
하라

마태복음 6장

1 사람에게 보이려고 그들 앞에서 너희
의를 행하지 않도록 주의하라 그리
하지 아니하면 하늘에 계신 너희 아
버지께 상을 받지 못하느니라

2 그러므로 구제할 때에 외식하는 자가
사람에게서 영광을 받으려고 회당과
거리에서 하는 것 같이 너희 앞에 나
팔을 불지 말라 진실로 너희에게 이
르노니 그들은 자기 상을 이미 받았
느니라

3 너는 구제할 때에 오른손이 하는 것
을 왼손이 모르게 하여

4 네 구제함을 은밀하게 하라 은밀한
중에 보시는 너의 아버지께서 갚으
시리라

5 또 너희는 기도할 때에 외식하는 자

와 같이 하지 말라 그들은 사람에게
보이려고 회당과 큰 거리 어귀에 서
서 기도하기를 좋아하느니라 내가
진실로 너희에게 이르노니 그들은
자기 상을 이미 받았느니라

6 너는 기도할 때에 네 골방에 들어가
문을 닫고 은밀한 중에 계신 네 아버
지께 기도하라 은밀한 중에 보시는
네 아버지께서 갚으시리라

7 또 기도할 때에 이방인과 같이 중언
부언하지 말라 그들은 말을 많이 하
여야 들으실 줄 생각하느니라

8 그러므로 그들을 본받지 말라 구하기
전에 너희에게 있어야 할 것을 하나
님 너희 아버지께서 아시느니라

9 그러므로 너희는 이렇게 기도하라 하
늘에 계신 우리 아버지여 이름이 거
룩히 여김을 받으시오며

들었으나

22 나는 너희에게 이르노니 형제에게 노하는 자마다 심판을 받게 되고 형제를 대하여 라가라 하는 자는 공회에 잡혀가게 되고 미련한 놈이라 하는 자는 지옥 불에 들어가게 되리라

23 그러므로 예물을 제단에 드리려다가 거기서 네 형제에게 원망들을 만한 일이 있는 것이 생각나거든

24 예물을 제단 앞에 두고 먼저 가서 형제와 화목하고 그 후에 와서 예물을 드리라

25 너를 고발하는 자와 함께 길에 있을 때에 급히 사화하라 그 고발하는 자가 너를 재판관에게 내어 주고 재판관이 옥리에게 내어 주어 옥에 가둘까 염려하라

26 진실로 네게 이르노니 네가 한 푼이라도 남김이 없이 다 갚기 전에는 결코 거기서 나오지 못하리라

27 또 간음하지 말라 하였다는 것을 너희가 들었으나

28 나는 너희에게 이르노니 음욕을 품고 여자를 보는 자마다 마음에 이미 간음하였느니라

29 만일 네 오른 눈이 너로 실족하게 하거든 빼어 내버리라 네 백체 중 하나가 없어지고 온몸이 지옥에 던져지지 않는 것이 유익하며

30 또한 만일 네 오른손이 너로 실족하게 하거든 찍어 내버리라 네 백체 중 하나가 없어지고 온몸이 지옥에 던져지지 않는 것이 유익하니라

31 또 일렀으되 누구든지 아내를 버리려거든 이혼 증서를 줄 것이라 하였으나

32 나는 너희에게 이르노니 누구든지 음행한 이유 없이 아내를 버리면 이는 그로 간음하게 함이요 또 누구든지 버림받은 여자에게 장가드는 자도 간음함이니라

33 또 옛 사람에게 말한 바 헛 맹세를 하지 말고 네 맹세한 것을 주께 지키라 하였다는 것을 너희가 들었으나

34 나는 너희에게 이르노니 도무지 맹세하지 말지니 하늘로도 하지 말라 이는 하나님의 보좌임이요

35 땅으로도 하지 말라 이는 하나님의 발등상임이요 예루살렘으로도 하지 말라 이는 큰 임금의 성임이요

36 네 머리로도 하지 말라 이는 네가 한 터럭도 희고 검게 할 수 없음이라

37 오직 너희 말은 옳다 옳다, 아니라 아니라 하라 이에서 지나는 것은 악으로부터 나느니라

38 또 눈은 눈으로, 이는 이로 갚으라 하였다는 것을 너희가 들었으나

39 나는 너희에게 이르노니 악한 자를 대적하지 말라 누구든지 네 오른편 뺨을 치거든 왼편도 돌려 대며

40 또 너를 고발하여 속옷을 가지고자 하는 자에게 겉옷까지도 가지게 하며

41 또 누구든지 너로 억지로 오 리를 가

1 예수께서 무리를 보시고 산에 올라가 앉으시니 제자들이 나아온지라
2 입을 열어 가르쳐 이르시되
3 심령이 가난한 자는 복이 있나니 천국이 그들의 것임이요
4 애통하는 자는 복이 있나니 그들이 위로를 받을 것임이요
5 온유한 자는 복이 있나니 그들이 땅을 기업으로 받을 것임이요
6 의에 주리고 목마른 자는 복이 있나니 그들이 배부를 것임이요
7 긍휼히 여기는 자는 복이 있나니 그들이 긍휼히 여김을 받을 것임이요
8 마음이 청결한 자는 복이 있나니 그들이 하나님을 볼 것임이요
9 화평하게 하는 자는 복이 있나니 그들이 하나님의 아들이라 일컬음을 받을 것임이요
10 의를 위하여 박해를 받은 자는 복이 있나니 천국이 그들의 것임이라
11 나로 말미암아 너희를 욕하고 박해하고 거짓으로 너희를 거슬러 모든 악한 말을 할 때에는 너희에게 복이 있나니
12 기뻐하고 즐거워하라 하늘에서 너희의 상이 큼이라 너희 전에 있던 선지자들도 이같이 박해하였느니라
13 너희는 세상의 소금이니 소금이 만일 그 맛을 잃으면 무엇으로 짜게 하리요 후에는 아무 쓸 데 없어 다만 밖에 버려져 사람에게 밟힐 뿐이니라
14 너희는 세상의 빛이라 산 위에 있는 동네가 숨겨지지 못할 것이요
15 사람이 등불을 켜서 말 아래에 두지 아니하고 등경 위에 두나니 이러므로 집 안 모든 사람에게 비치느니라
16 이같이 너희 빛이 사람 앞에 비치게 하여 그들로 너희 착한 행실을 보고 하늘에 계신 너희 아버지께 영광을 돌리게 하라
17 내가 율법이나 선지자를 폐하러 온 줄로 생각하지 말라 폐하러 온 것이 아니요 완전하게 하려 함이라
18 진실로 너희에게 이르노니 천지가 없어지기 전에는 율법의 일점일획도 결코 없어지지 아니하고 다 이루리라
19 그러므로 누구든지 이 계명 중의 지극히 작은 것 하나라도 버리고 또 그같이 사람을 가르치는 자는 천국에서 지극히 작다 일컬음을 받을 것이요 누구든지 이를 행하며 가르치는 자는 천국에서 크다 일컬음을 받으리라
20 내가 너희에게 이르노니 너희 의가 서기관과 바리새인보다 더 낫지 못하면 결코 천국에 들어가지 못하리라
21 옛 사람에게 말한 바 살인하지 말라 누구든지 살인하면 심판을 받게 되리라 하였다는 것을 너희가 들었으나

·

예수님이 가르친 천지는
은사님의 배양을 아낌없게 생아어 읽는기